SHODENSHA
SHINSHO

アイヒマンと日本人

山崎雅弘

祥伝社新書

はじめに

アドルフ・アイヒマンという男の名前は、日本でもよく知られている。

ナチ党政権下のドイツで国策として遂行された、数百万人ものユダヤ人に対する組織的な大量虐殺を、ナチス親衛隊の中間管理職として差配した男。

そして、戦後に捕らえられて戦争中の冷酷な行ないについての責任を追及されても、「自分はただ与えられた命令に従っただけです」と居直り続けた男。

哲学者ハンナ・アーレントが彼を評して述べた「悪の陳腐《ちんぷ》さ」という言葉は、さまざまな形でひとり歩きし、アイヒマンの名とその言葉がセットで語られることも多い。

だが、あなたはこのドイツ人が実際にはどんな人物だったのか、彼が親衛隊幹部として実際に果たしたのはいかなる職務だったのかについて、説明できるだろうか。

本書は、近現代史の中でもとりわけ異彩を放つ人物である、アドルフ・アイヒマンの五六年の生涯に光を当て、その足跡をたどる試みである。

第一章では、彼の誕生から青少年時代、ナチ党への入党、親衛隊の一員としてユダヤ人問題に関わった経緯、戦前のオーストリアとチェコで彼が行なったユダヤ人排斥の実務などを解説した。アイヒマンはこの時期、エルサレムをユダヤ人の民族的郷土と見なす「シオニズム」に関心を示し、自らもパレスチナへの入国を試みていた。

第二章では、第二次世界大戦の勃発（一九三九年九月一日）とドイツによるポーランド征服によって本格的に始まった「ヨーロッパのユダヤ人迫害」を俯瞰《ふかん》し、アイヒマンがその中で果たした役割について考察した。また、一九四一年六月の独ソ開戦以降、ドイツのユダヤ人政策が「移住（排斥）」から「殺害（絶滅）」へと変質した経過を追い、その転換をアイヒマンがどのように受け止めたかについても、一九四二年一月の「ヴァンゼー会議」で彼が果たした役割と共に記述した。

第三章では、一九四二年一月からドイツが国策として推進した「ユダヤ人絶滅」とその舞台となった旧ポーランド領の絶滅収容所の内情に目を向け、アイヒマンが重要な役割を担《にな》った「ホロコースト」の全体像をさまざまな角度から検証した。オランダやフランス、ハンガリーなど、ヨーロッパ各地から絶滅収容所へのユダヤ人の鉄道輸送に、アイヒマンがどう関わったかを説明し、一九四五年五月のドイツ敗戦までの彼の行動を追った。

第四章では、ドイツの敗戦後に戦犯訴追を逃れるため潜伏していたアイヒマンが、イタリア経由で南米アルゼンチンへと逃亡した経路や、偽名を用いたブエノスアイレスでの新たな生活、イスラエルの諜報特務庁モサドによるアイヒマンの捜査と身柄の確保、特殊な手段で行なわれたアイヒマンのイスラエルへの連行、そしてエルサレムで開かれた「アイヒマン裁判」で死刑判決が下されるまでの「最後の足跡」を追跡した。

ナチス親衛隊将校時代のアイヒマン

そして第五章では、アイヒマン裁判を傍聴したハンナ・アーレントと彼女の論考が引き起こした論争、二人の日本人特派員による同裁判傍聴記、人間心理の恐るべき側面を浮き彫りにした心理学者スタンレー・ミルグラムの「アイヒマン実験」など、アイヒマンがこの世を去ったあとも残された難題を、さまざまな角度から紹介した。

また、同章の最後では、なぜ日本人がアイヒマンという異様な人物に関心を持ち続けるのかという理由についても論考をめぐらせた。

本書のタイトルは『アイヒマンと日本人』だが、アイヒマンと日本の間には、彼の経歴における直接的な繋がりはない。しかし、本書を最後までお読みいただければ、アイヒマンと日本人は決して無縁ではなく、むしろさまざまな面において「近い存在」であることを、虫酸《むしず》が走るような薄気味悪さと共に、理解されることだろう。

山崎雅弘

目次――アイヒマンと日本人

第二章　ナチスのユダヤ人迫害政策と「ヴァンゼー会議」

第三章　ホロコーストを「効率化」したアイヒマン

第四章　国外逃亡と捕縛、エルサレムでの裁判

第五章　日本人の中にもある「アイヒマン的なまじめさ」

写真　アフロ（5頁、177頁）
DTP　アルファヴィル・デザイン

※引用文中の〔 〕は筆者の補足。
※引用文には適宜ふり仮名を加えています。

第一章

アドルフ・アイヒマンとは何者か

《ゾーリンゲン出身のごく普通のドイツ人少年》

学業の不振と定まらない職業

のちにホロコーストの実務遂行者として歴史に特筆されることになる、オットー・アドルフ・アイヒマンは、一九〇六年三月一九日、刃物の街として中世より栄えたドイツ西部の都市ゾーリンゲンで生まれた。

父のアドルフ・カール（以下、父アドルフと表記）は、地元のゾーリンゲン市電・電気設備会社で会計事務員をしており、母マリアとの間に五人の子どもをもうけた。

アイヒマンは、四男一女の長男で、次男のエミールは二歳年下だった。父アドルフは、厳格なプロテスタントで、生真面目な性格だったといわれる。

一九一三年、父アドルフはオーストリアのリンツにある同社の支社へ単身で転勤し、翌一九一四年には家族もリンツに転居して、アイヒマン一家の新しい生活が始まった。

だが、アイヒマンが一〇歳の時（一九一六年）、母マリアが病死し、父アドルフはしばらくしたあと、教会で知り合ったマリア・ツァヴァルツェルという女性と再婚した。

営業課長となった父のオーストリア勤務は一九二四年まで続いたが、リンツでのアイヒマンの暮らしは、折り目正しいものだった。日曜には家族全員でプロテスタントの教会へ行き、彼を含む子どもたちはYMCA（キリスト教青年会：キリスト教の信仰に基づいて人格向上や奉仕精神の涵養《かんよう》を目指す国際団体）に参加した。

アイヒマンは、リンツの小学校に四年間通ったあと、「フランツ・ヨーゼフ皇帝国立上級実科学校」という学校に入学したが、一九二一年に一五歳で中退した。彼は、同じリンツにある「電気・機械・建築上級専門学校」という国立の専門学校へ再入学したものの成績は芳《かんば》しくなく、一年ほどで中退して、父の経営する会社に就職した。

父アドルフはその頃、勤めていた電気設備会社を退職して鉱山開発の企業を経営しており、アイヒマンは父の勧めで学校を辞めて、同社所有の坑道で働いた。この鉱山は、油を含む頁岩《けつがん》を採掘する現場で、採取した油は医療などの用途に使われ、残滓《ざんし》はアスファルトの材料にされた。社員一〇人ほどの小さな会社で、アイヒマンは鉱夫長として、現場の労務管理なども行なう仕事を任されていた。

三ヵ月ほど同社で働いたのち、アイヒマンは電気関係の技術を習得するために、上部オーストリア（オーバーエスターライヒ州、上部とは高地を意味する地域区分で、リンツは同地域の中心都市）の電気工業会社で一年半勤務した。

それから、彼は地元の石油関連企業で就職先を探し、母の従兄弟《いとこ》の伝《つて》で、一九二八年に大手の石油会社で外交販売員の職を得た。

オーストリアで勢力を拡大していた「ナチ党」

アイヒマンは、同社で上部オーストリアの営業を担当し、週末以外は家に帰らないほどの忙しさで真面目に働いたが、彼は仕事の合間に、当時リンツでも影響力を強め始めていた国家主義の政治団体とも関わりを持つようになった。

当時のアイヒマンは、とくに強い政治意識を持っていたわけではなかったが、友人の誘いで一九二八年か二九年（本人の供述）に「青年前線兵士の会」という右派団体へ加わり、「個人の利益よりも全体の利益」をモットーとする同会に出入りしながら、仲間とリンツ郊外の民間射撃練習場でピストルの撃ち方を身につけていた。

一九三二年のある日、アイヒマンはリンツ市内にあるバイエルン（ドイツ南部）風のビアホール「メルツェンケラー（三月に醸造されるビールの地下貯蔵室の意）」で開かれていた、オーストリア・ナチ党の政治集会に足を運んだ。

ここで、オーストリアとナチ党の関係について少し説明しておきたい。

のちにヨーロッパの大半を政治的支配下に置くことになるドイツのナチ党は、ドイツ人の政治家アントン・ドレクスラーが第一次世界大戦後の一九一九年一月五日にバイエルンのミュンヘンで設立した「ドイツ労働者党（DNP）」が起源で、同年九月一二日に入党したアドルフ・ヒトラーが実権を掌握後、一九二〇年二月二四日に党の名称を「国民（国家）社会主義ドイツ労働者党（NSDAP）」に変更したものだった。

いわゆる「ナチ党」は、党関係者ではなく外部の人間が使い始めた同党の通称だが、実は隣国オーストリアでは、第一次大戦前の一九〇三年一一月一四日に、当時同帝国の領土だったボヘミア（現チェコ）のドイツ系住民が「ドイツ労働者党」（前記のドレクスラーの党と同名だが無関係）を創設しており、第一次大戦末期の一九一八年五月五日に開かれた党大会で、党名を「ドイツ国民（国家）社会主義労働者党（DNSAP）」に変更した。

後者の「オーストリアのナチ党」の政策構想は、ドイツのナチ党と類似点が多く、ドイツでの「ドイツ労働者党」から「国民社会主義ドイツ労働者党」への党名変更も、オーストリアの前例を意識したものだった。ただし、この二つの「ナチ党」は、一九二〇年代後半になるまで、人的交流も共闘姿勢もなく、それぞれ別個に活動していた。

第一次大戦での敗北と旧「オーストリア帝国」領土の解体後、オーストリアのナチ党は分裂状態となったが、一九二六年五月に再統合されて、オーストリアのブラウナウ・アム・イン生まれの指導者ヒトラーに忠誠を誓うドイツのナチ党の「子分的存在」となった。

ミュンヘンを本拠地とするドイツのナチ党は、同市内の「ビュルガーブロイケラー」や「ホフブロイハウス」などの大型ビアホールを政治集会や演説会の場所として利用してきたが、リンツのビアホール「メルツェンケラー」で催《もよお》されていたオーストリア・ナチ党の集会で、アイヒマンは面識のある一人の男から声をかけられた。

その男の名は、エルンスト・カルテンブルンナーといい、お互いの父親が仕事で繋がりを持っていたことから、アイヒマンとは以前から顔見知りだった。当時、カルテンブルンナーはすでにオーストリア・ナチ党と同組織の身辺警護部隊「親衛隊（シュッツシュタッフェル、SSと略される）」に所属し、新たな党員の勧誘にも熱心だった。

顔に傷のある特徴的な風貌のカルテンブルンナーは、旧知のアイヒマンに親しげに語りかけ、「君もおれたちの仲間に入れよ！」と勧誘した。

アイヒマンは「ああ、そうするよ」と答え、ナチ党への入党を決心した。

ナチ党員および親衛隊隊員としてドイツに帰国

一九三二年四月一日、アイヒマンはカルテンブルンナーの誘いに応じてオーストリア・ナチ党に党員として登録し、翌月には親衛隊にも入隊した。党員番号は889895で、親衛隊員番号は45326だった。

翌一九三三年一月三〇日、ヒトラーがドイツで首相の座につくと、オーストリアのエンゲルベルト・ドルフース首相は国内への政治的影響を警戒し、同年六月一九日にオーストリアのナチ党を非合法政党に指定して、自国内での政治活動を禁止した。

その直接の原因となったのは、同年五月中旬にドイツのナチ党幹部ハンス・フランクらがオーストリア国内のナチ党支持者を煽動《せんどう》するため、ウィーンでの大規模なデモ行進を企画したことだった。オーストリア政府は、ウィーン空港から入国しようとしたフランクとその仲間のナチ党員を「危険人物」と見なして拘束し、ドイツへ強制送還した。

同じ年、アイヒマンは勤務していた石油会社から、人員整理の名目で解雇された。アイヒマンは、彼がナチ党に入党していたことが解雇の理由だったのでは、と疑った。

またしても定職を失った彼は、リンツの実家へ戻って再び職探しを始めた。しかし、父の会社はすでに倒産しており、国内でのナチ党集会にも参加できなくなったアイヒマンは、日々の暮らしで進路を見失ったような状態になっていた。

その時、彼は自分がもともとドイツ生まれで、国籍もドイツのままである事実を思い出し、バイエルンへ行って石油関係の仕事を見つけて、ナチ党の政治活動にも加わろうと決心した。この計画を聞いたカルテンブルンナーは、リンツから七〇キロほどしか離れていない、バイエルン東部のパッサウにいるナチ党幹部への紹介状を書いた。

アイヒマンは、それを携《たずさ》えて同年八月一日にオーストリアとドイツの国境を越え、ナチ党の本拠地ともいえるバイエルンに入った。

この時、アイヒマンは「ヴェラ」という愛称で呼ばれる一人の女性と連れ立っていた。彼女の名はヴェロニカ・リーブルといい、ボヘミア出身のチェコスロヴァキア人だった。アイヒマンとは、リンツで開かれた音楽会で知り合って交際するようになり、すでに一九三一年には結婚の約束を交わしていた。

パッサウでボレックというナチ党幹部と面会したアイヒマンは、石油会社の仕事を紹介してもらえませんかと尋ねた。するとボレックは、彼に「しばらくわれわれの組織で働いてはどうか」と勧め、アイヒマンは古い修道院のそばにある訓練所の門をくぐった。

第一次大戦時代の練兵場を流用したその訓練所は、「オーストリア外国人部隊本部」と呼ばれており、ナチ党の護衛組織である親衛隊と、敵対勢力を攻撃する党の武力組織である「突撃隊（SA）」が共同で使用する軍事訓練の施設だった。アイヒマンはここで、ナチ党のために働く戦闘員の訓練を受ける日々を送り始めた。

アイヒマンは、いわゆる「中肉中背」で、屈強な体格ではなかったが、ひ弱でもなく、市街戦を想定した襲撃部隊の訓練で良い成績を収めて小隊長（曹長）の階級を得た。

ナチ党員の親衛隊員アイヒマンのドイツでの生活は、こうして始まったのである。

《ハイドリヒが統括する親衛隊保安局（SD）への転属》

バイエルンで軍事訓練に明け暮れた日々

パッサウの親衛隊訓練所での生活が始まった当初、アイヒマンは「幸せを感じていた」と、第二次大戦後にイスラエル当局に身柄を拘束されたあとの供述で回想している。

訓練所では、五〇〇人以上の親衛隊員からなる中隊が三個小隊に分かれて訓練に励んでいたが、アイヒマンはそのうちの一個小隊で小隊長となり、ナチ党大会に参加するための軍隊式行進の練習にも励んでいた。

同年一〇月、中隊長のフォン・ピッヒル少佐はアイヒマンに、国境警備隊と共同でドイツ（バイエルン）とオーストリアの国境を巡回するという新たな任務を与えた。この時期、さまざまな理由でオーストリアからドイツに越境する人間がいたが、その中にナチ党の突撃隊員や親衛隊員がいれば、彼らを保護して「オーストリア外国人部隊」に勧誘し、機会があればオーストリア領内でナチ党の宣伝を行なうことが、与えられた任務だった。

巡回の対象となった国境線は、イン川に沿った美しい森林地帯で、アイヒマンはその任務を「素晴らしい」と感じて満足していたという。彼は、ピッヒルの副官となって身の回りの雑務やミュンヘンの親衛隊本部に宛てた報告書の代筆などを行ない、追加の報酬を得ていた。食事は、焼きたてのソーセージやポテトサラダなどを出す近所の肉屋でとった。

だが、そんな生活も長続きせず、アイヒマンと彼の所属部隊は、同年の一二月に、ミュンヘン北方のダッハウにある強制収容所の付属地へ異動となった。

ダッハウの強制収容所は、ヒトラーがドイツの首相となって二ヵ月後の一九三三年三月二二日に運営が開始された施設で、第一次大戦時に火薬工場として稼働していた廃工場をナチ党が買い取った土地だった。設立を主導したのは、当時のミュンヘン警察長官でナチ党の「親衛隊全国指導者」という役職も兼ねるハインリッヒ・ヒムラーだった。

創設当初にダッハウ強制収容所の収容対象となったのは、ナチ党が「国家の敵」と見なした、共産党員をはじめとする「政治囚」だった。アイヒマンの所属する部隊は、ダッハウ強制収容所に隣接する三階建ての宿舎で寝泊まりし、苛酷な軍事訓練を再開した。

アイヒマンは、身体的な負担と苦痛の大きい軍事訓練の日々に嫌気が差すようになり、なんとかしてそこから脱する道はないかと模索した。そんなある日、親衛隊内の保安部門で人員を募集しているとの噂を聞き、彼はその任務内容についてよく知らないまま、休暇を利用してバイエルンの中心都市ミュンヘンへ行き、応募の手続きを行なった。

しばらく経った頃、アイヒマンはダッハウで上官から人事異動の告知を受け、ベルリンに向かうよう指示された。一九三四年九月、彼は荷物をまとめて夜行列車でベルリンに向かい、出頭を命じられたヴィルヘルム通り一〇二番地の建物に足を踏み入れた。

そこは、親衛隊の情報部局である「保安局（ＳＤ）」の本部だった。

ラインハルト・ハイドリヒと親衛隊保安局

親衛隊保安局は、ヒトラーが政権を握る前の一九三一年三月に「情報局（ＩｃＤ）」として創設され、翌一九三二年七月一九日に「保安局」へ改称された。保安局の局長は、ヒムラーの部下で元海軍将校のラインハルト・ハイドリヒ親衛隊大尉（当時の階級）だった。

アイヒマンの入局から三ヵ月前の一九三四年六月九日、保安局はドイツ政府の法令により、ナチ党内で唯一の情報機関と認定された。保安局の情報収集と分析の対象は多岐にわたったが、ドイツのナチ党体制にとって脅威となりうる内外の組織や個人を監視し、党の上層部に報告することが主要な任務だった。

ハイドリヒは、アイヒマンより二歳年上の、プロイセン生まれのドイツ人で、ヒムラーは金髪碧眼《へきがん》という彼の外見を「ナチ党が理想とするアーリア人」の容姿と見なして贔屓《ひいき》にしていた。ヒムラーは、通信将校というハイドリヒの海軍時代の職務を「情報将校」だと勘違いして、彼に親衛隊の諜報部局を任せたが、ハイドリヒは与えられた任務を的確にこなして成果をあげ、保安局の組織規模も拡大していった。

親衛隊保安局に配属されたアイヒマンは、まず秘密結社フリーメーソンに関する情報を検索する第Ⅱ部111課で索引カードの作成という仕事を任された。彼は、フリーメーソンがどんな組織なのかという知識を持たなかったが、同結社に関するさまざまな情報が記載された索引カードを、アルファベット順に整理する作業に従事した。

その後、彼はフリーメーソンに関する「展示室」で、ドイツ国内におけるフリーメーソンの活動を示す物品や書物、写真、メダル、儀式で使われる道具などを陳列して、来訪者が一目で同結社の活動内容を理解できるように展示する仕事を行なった。

展示室での業務に五ヵ月ほど従事したあと、アイヒマンはナチ党の高官を案内して展示室を訪れた。彼は、レオポルト・フォン・ミルデンシュタインという親衛隊の少尉からさまざまな質問を受け、それに返答した。すると、ミルデンシュタインはこう尋ねた。

「私は親衛隊保安局で、ユダヤ人担当課の責任者に任命されたのだが、よければ私の下で仕事をしないか？」

肉体的な負担は軽いものの、フリーメーソン関連の展示という単調な仕事に飽き始めていたアイヒマンは、すぐに「はい」と承諾し、一九三四年一一月に第Ⅱ部112課（ユダヤ人担当課）へと転属した。

この前月の一九三四年一〇月三〇日、アイヒマンはヴェラとの結婚許可を、親衛隊の「人種および移住本部」に申請した。

肌が白い北欧系の「アーリア人」を至上と見なす、ナチ党の人種的イデオロギーに基づき、親衛隊員の結婚相手も「アーリア人」であるという証明が必要とされた。だが、チェコ人も「アーリア人」の範疇《はんちゅう》であったことから、結婚は承認され、二人は一九三五年三月二一日、正式に結婚した。

親衛隊のユダヤ人問題専門家としての第一歩を踏み出す

ユダヤ人担当課の職員となったアイヒマンに、ミルデンシュタインは一冊の本を手渡した。それは、テオドール・ヘルツルが著《あらわ》した『ユダヤ人国家』だった。

ヘルツルは、ハンガリーの首都ブダペストで一八六〇年に生まれ、アイヒマンが誕生する二年前の一九〇四年に没したユダヤ人で、この著書がオーストリアのウィーンで刊行されたのは、一八九六年二月のことだった。

オーストリア帝国とハンガリー王国が、ハプスブルク家の皇帝を戴《いただ》く「オーストリア=ハンガリー二重帝国」を形成していた一九世紀末のヨーロッパでは、ユダヤ人を敵視し差別する「反ユダヤ主義」が広まっていた。ロシアと東欧諸国ではユダヤ人に対する暴力的な迫害（ポグロム）の嵐が吹き荒れ、一八九三年にはオーストリアで反ユダヤ主義を標《ひょう》榜《ぼう》する政治家カール・ルエーガーが、ウィーン市長となった。

翌一八九四年にはフランスで、ユダヤ人の陸軍将校アルフレド・ドレフュスがスパイの濡れ衣を着せられ有罪になる出来事（ドレフュス事件）が発生した。当時新聞記者としてこの事件を取材したヘルツルは、このままではユダヤ人が安心して暮らせる場所がなくなると考え、世界に離散したユダヤ人が集まって独立国を作ろうと提言した。

ユダヤ教の聖地エルサレム（紀元前一一世紀にユダヤ人王国「イスラエル」が築かれたパレスチナの古都で、ヘロデ王の時代に建設された神殿の土台部分は、今も「嘆きの壁」としてユダヤ教徒の礼拝の場となっている）にユダヤ人の郷土を作ろうという考え方は、一九世紀の中頃から一部のユダヤ人の知識人が提唱しており、ユダヤ人にとってのエルサレムの別名「シオン」にちなんで「シオニズム（シオン主義運動）」と呼ばれていた。

ヘルツルの『ユダヤ人国家』は、その運動に具体的な道筋をつけるもので、「地球上のいずこかの場所にユダヤ教徒の安住の地を取得し、列強からの主権の承認をとりつける」「欧州で迫害されたユダヤの民は、新天地目指して直《ただ》ちに出発する必要はなく、数十年の歳月をかけて継続的に移住する」「この移住は完全な自由意思に基づくものであり、移住を望まない者は欧州に残留すればよい」など、段階的な目的達成のプログラムだった。

そしてヘルツルは、ユダヤ人問題の解決には大国の関与が不可欠だとして、「世界の文明国が参加する国際会議でこの命題が議論の俎上《そじょう》へと載せられた時、この難問は解答を見出すことができるだろう」と結論づけた。

アイヒマンは、数日をかけて『ユダヤ人国家』を精読し、ミルデンシュタインの指示に従って内容の要約を作成した。彼の作った要約は、親衛隊の組織内で何度か内容の修正指示が出されたが、ミルデンシュタインの手直しによって最終的に採用され、一九三五年の後半に親衛隊全体の教材として配布されることとなった。

こうして、アイヒマンは親衛隊の組織内で、ユダヤ人問題に関する専門家としての第一歩を踏み出したのである。

《一九三〇年代の「シオニズム」とアイヒマン》

ユダヤ人と「シオニズム」とパレスチナ

ヘルツルの『ユダヤ人国家』を読むまで、アイヒマンはユダヤ人問題に関して、とくに知識も興味も持たなかった。だが、彼はこの一〇〇頁《ページ》ほどの小冊子を熟読したあと、ユダヤ人に関する諸問題に関心を寄せるようになり、親衛隊員に配布された要約では、「シオニズム」とそれに賛同するユダヤ人（シオニスト）の内在的論理を説明していた。

彼は、シオニズムの世界観や目的、支援組織、運動に立ちはだかる困難などについて具体的に説明し、「その運動が政治的なものである限り、われわれ（ナチ党）の世界観とも合致するものだ」と指摘していた。

ヒトラーとナチ党は、ドイツで政権を握る前から、攻撃的な反ユダヤ主義の政治的主張を打ち出しており、ヒトラーの首相就任から約二ヵ月後の一九三三年四月七日には、専門職公務員からユダヤ人を排除する最初の「反ユダヤ法」が公布された。

これに続いて、司法や文化事業、メディア（新聞）などの各分野からのユダヤ人排除を定める諸法令が次々と制定され、二年後の一九三五年九月一五日には、似《え》非《せ》科学的な分類法で「ユダヤ人種」を選別して市民の権利（ドイツ人との結婚など）を剥奪する「ドイツ人の血と名誉保護のための法律」と「帝国市民法」（両者の通称「ニュルンベルク法」）が、ドイツ国会で可決された。

だが、アイヒマンが『ユダヤ人国家』の要約を作成したこの段階では、大勢のユダヤ人を強制収容所に押し込めたり、ガス室で大量虐殺するなどの計画はまだ存在していなかった。そのため、彼は「反ユダヤ」というナチ党の世界観に反しない形で、ヨーロッパのユダヤ人問題をシオニズムによって解決することは可能だと考えていた。

具体的には、ドイツの勢力圏から離れた場所で「ユダヤ人国家」の創設を認めて、ヨーロッパのユダヤ人をそこに移住させる、あるいは追放することで、ドイツ人とユダヤ人の「住み分け」を実現するという構想である。

ヘルツルは『ユダヤ人国家』の中で、ユダヤ人の民族的郷土となる「約束の地」は、パレスチナに限らず、南米のアルゼンチンであってもよいと書いていた。だが、かつてユダヤ人王国が存在した「シオン」＝エルサレムを含む中東のパレスチナこそ、ユダヤ人国家の場所としてふさわしいと考える意見が、シオニストの間では根強かった。

この本の刊行から一年半後の一八九七年八月二九日、ヘルツルはシオニズムを推進するユダヤ人団体に働きかけて、スイスのバーゼルで「第一回シオニスト会議」を開催した。シオニズムの活動家一九七人が一堂に会したこの会議で、ヘルツルを議長とするシオニズムの連合組織「シオニスト機構」の設立が決定され、シオニズムの到達目標を「パレスチナの地に、ユダヤ民族のための、公的な法によって保証された郷土を創設すること」と謳《うた》い上げた「バーゼル綱領」が採択された。

バーゼルで第一回シオニスト会議が開かれた時点では、エルサレムとその周辺一帯は、オスマン帝国の領域となっていた。だが、第一次大戦でオスマン帝国が敗北（一九一八年一〇月三〇日に休戦、正式な講和は一九二〇年八月一〇日の「セーヴル条約」）すると、エルサレム周辺を含むパレスチナ地域は、一九二二年七月二四日に国際連盟理事会で採択された規約第二二条により、戦勝国イギリスの委任統治領と定められた。

ドイツ国内のユダヤ人をパレスチナに移住させる協定

ユダヤ人問題の重要な書物である『ユダヤ人国家』の要約というアイヒマンの仕事を高く評価したミルデンシュタインは、ユダヤ人担当課内で彼に「シオニズム的世界観、新シオニズム運動、ユダヤ教正統派」を研究させた。

そして、自分の親しい知人であるフォン・ボルシュヴィングというドイツ人の商人をアイヒマンに紹介し、商売で何度も訪れたパレスチナにおけるシオニズムの現状や活動目標などの実地情報を、アイヒマンに説明させた。

こうした状況の中、ユダヤ人問題に本格的に関心を持ち始めたアイヒマンは、ヘブライ語を勉強してシオニストの新聞を購読し、その内容を吸収していった。

一九三六年のはじめ、ミルデンシュタインは別の政府機関へ異動になったが、アイヒマンは引き続き、親衛隊保安局第Ⅱ部112課でユダヤ人問題の研究を続けた。彼の机には、ユダヤ人に関する百科事典や、各種のユダヤ人新聞、ゲシュタポ（ゲハイメ・シュターツポリツァイ＝秘密国家警察の略）が国内の捜査で押収したユダヤ人関連の学術資料や報告書なども届けられ、ユダヤ人問題を研究するアイヒマンの環境は充実していった。

この時期のドイツ政府は、ユダヤ人の国外退去を政策として推進しており、アイヒマンと彼の所属する親衛隊保安局も、その方針に合致する形で業務を遂行した。

ドイツからパレスチナへのユダヤ人の移住を促進するため、ドイツ政府の経済省とドイツ・シオニスト連盟の間で、一九三三年八月二五日に「ハーヴァラ（移転）協定」という合意が結ばれた。これは、パレスチナへと移住するユダヤ人はまずドイツの銀行に資産を預けて出国許可を得、その銀行はドイツ製品を購入してパレスチナへと送り、現地に到着したユダヤ人はその製品の現物支給という形で資産を取り戻す、というものだった。

当時のドイツは、ヒトラーとナチ党の反ユダヤ政策のために周辺各国のユダヤ人社会で商品の購入ボイコットを招いており、移住を希望するユダヤ人にドイツ製品の購入を義務づけるハーヴァラ協定には、その経済的損失の穴埋めという側面も存在していた。

アイヒマンは、ユダヤ人の国外退去についての研究を進める中で、この政策を具現化する上での障害がいくつも存在する事実に突き当たった。

・移住対象となるユダヤ人の人数を、ドイツ当局が正確に把握していないこと。
・移住の際に重要となる関税の手続きに不備があること。
・パスポートの有効期限が間近で延長手続きが必要なユダヤ人が多く存在すること。
・地域の警察が、ユダヤ人の地域団体の存在価値を理解せず、その幹部を場当たり的に逮捕して、組織的な移住を困難にしていること。
・イギリスのパレスチナ委任統治政府が、パレスチナへの移住を希望するユダヤ人の受け入れに制限を課していること。

これらの問題を一つずつ解決するため、アイヒマンはまずゲシュタポのユダヤ人担当者と相談し、自分たちが必要な情報を得るまでは、むやみにユダヤ人を逮捕したり処刑することを控えてほしいと要請した。

そして、彼はボルシュヴィングに加えてパウル・エプシュタイン博士というユダヤ人の学者と定期的に接触し、ユダヤ人の国外退去政策を効率的に進めるための協議を行なった。

パレスチナでのアラブ人とユダヤ人の対立

一九三六年に親衛隊上級曹長に昇進したアイヒマンは、一九三七年に「ハイント（Ha jnt）」というユダヤ人の新聞で「ハガナー」という組織の存在を知った。

ヘブライ語で「防衛」を意味するハガナーとは、パレスチナにおけるユダヤ人の民兵組織で、その原型は一九〇九年頃に創設された、ユダヤ人入植者の村落や農業共同体（キブツ）を守る自警団だった。第一次大戦後、ユダヤ人居留地への襲撃が増加すると、ユダヤ人側は一九二〇年六月一二日に自警団を統合して武装組織ハガナーを結成した。

先に述べた通り、オスマン帝国が第一次大戦で敗北したあと、パレスチナは一九二二年にイギリスの委任統治領となったが、同地では二〇世紀の初頭から、アラブ人とユダヤ人の間で対立や衝突が生じていた。その理由は、シオニズムによる、パレスチナへのユダヤ人入植者の急激な増加だった。

ヨーロッパに住む裕福なユダヤ人の一部は、「シオニスト機構」とは別の形で独自に資金を調達して、パレスチナへの移住を始めていた。彼らは、オスマン帝国の了承下でアラブ人の大地主から土地を購入して、合法的にパレスチナへの移住を進め、その数は二〇世紀初頭だけで一万人に達した。

だが、この地で代々暮らしてきたアラブ人の貧しい小作人は、土地の所有権移転で耕作地を失い、家族を養う収入源を断たれる事態に直面した。その結果、パレスチナのあちこちで、先住民のアラブ人とユダヤ人移住者の対立が発生した。

こうした対立をさらに激化させたのは、第一次大戦中にイギリス政府がアラブ人とユダヤ人の双方に対して発した、矛盾する約束だった。

イギリスは、戦争を有利に進めるために、アラブ人に対しては「オスマン帝国を倒す戦いに協力してくれれば、戦争終結後に中東一帯をアラブ人の独立国にする」と約束（フセイン＝マクマホン書簡）する一方、ユダヤ人のシオニズムを支援する大富豪ロスチャイルド卿に対しては「パレスチナにユダヤ人の民族的郷土を作るという構想にイギリス政府は賛同し、その実現に最善を尽くします」との書簡（バルフォア宣言）を送付した。

正式なイギリスの委任統治が始まる前の一九二〇年七月、ハーバート・サミュエルというユダヤ人が、初代高等弁務官としてパレスチナに派遣され、パレスチナのユダヤ人移民の枠を、年間一万六五〇〇人と規定した。これに反発したアラブ人は、一九二一年四月から五月にかけて、パレスチナ各地で大規模な反ユダヤ暴動を起こし、ユダヤ移民の農場や収容施設が次々と襲撃されて、三〇〇人を超える死傷者が発生した。

アラブ人がサミュエルの決定に激怒したのは、その割合でパレスチナへのユダヤ人移民が増え続ければ、四〇年足らずで人口比が五分五分になると考えられたからだった。

この事態に動揺したサミュエルは、すぐにアラブ人有力者と協議して方針を転換し、パレスチナへのユダヤ人移民受け入れの一時凍結と、パレスチナの港に入港している移民船の乗客に対する上陸許可を撤回すると発表した。

ハガナーは、こうした状況下でユダヤ人入植者を守るために創設された民兵組織で、一九三〇年代には組織規模を拡大して、ゲリラ戦も展開できる戦闘部隊へと発展していた。アイヒマンは、このハガナーがさらに強化されれば、ドイツからパレスチナへのユダヤ人の移住にプラスになるかもしれないと理解した。

ハガナーの力で、現地のユダヤ人入植者がイギリスのパレスチナ統治当局やアラブ人に対する政治的な優位を確保すれば、パレスチナへのユダヤ人入植者の制限が緩和されると考えたからである。

《ドイツとオーストリアの合邦で拡大したアイヒマンの職務範囲》

不発に終わったアイヒマンのパレスチナ視察旅行

そんなある日、パレスチナ事情に詳しい商人のボルシュヴィングから「ハガナーに所属するユダヤ人の高官がベルリンに来る」との情報を得たアイヒマンは、その人物と接触することでなんらかの成果を得られるのではないかと考え、面会の許可を上官に求めた。

この申し出は、親衛隊保安局の上層部で承認され、アイヒマンはそのハガナー高官のユダヤ人フェイベル・ポール（ドイツ式呼称ではポルクス）と、ベルリン中心部のレストランで昼食を共にした。

すでにパレスチナのユダヤ人入植者とその暮らしについての知識を得ていたアイヒマンは、ポールと率直に意見交換し、友好的な関係を築くことに成功した。そして、二度目に会食した時、ポールはアイヒマンをパレスチナに招待したいと提案した。

アイヒマンは、ポールとの会話内容をすべて報告書に記して上層部に提出し、パレスチナへの招待という相手の提案を受けるべきかどうかの判断を仰いだ。

すると、親衛隊保安局長のハイドリヒから、招待を受けるようにとの命令が下された。

アイヒマンは、上官である112課課長のヘルベルト・ハーゲン親衛隊准尉と共にパレスチナへの渡航を準備した。アイヒマンには新聞「ベルリン日報」の主筆、ハーゲンには大学生という偽《いつわ》りの身分が用意された。

一九三七年の秋、アイヒマンとハーゲンはまず鉄道でドイツからポーランドを経てルーマニアに向かい、黒海沿岸のコンスタンツァ港で客船に乗り込んだ。

彼らの乗る船は、パレスチナのハイファに寄港し、アイヒマンとハーゲンは乗り換え客に発行される四八時間の通過ビザで短時間上陸してカルメル山に登ったあと、再び船に乗り、エジプトのカイロに到着した。

アイヒマンとハーゲンは、カイロとアレキサンドリアで数日過ごしてから、彼らを招待したポールとエルサレムで面会する用意を整えた。エルサレムのドイツ政府広報部で代表を務めるライヒェルトという博士が、この面会の段取りを手配していた。

ところが、イギリス委任統治領のパレスチナへの入国許可を申請しに、カイロのイギリス大使館を訪れたアイヒマンは、担当者から「申し訳ないが、入国は許可できない」との通告を受けて落胆した。彼は、親衛隊員という正体をイギリスの情報部に見抜かれて警戒されたと考えたが、ライヒェルトがポールを連れてエルサレムからカイロまで出向いてきたことで、約束していた「再会」は一応実現した。

しかし結局、アイヒマンはエルサレムに自ら足を踏み入れて、現地のユダヤ人入植者の暮らしぶりを観察するという旅の目的を達成できなかった。そして、彼は帰りの客船でパラチフスという感染症にかかり、船内の病室で過ごすことを余儀なくされた。

オーストリアの首相シュシュニクを恫喝したヒトラー

ドイツに帰国後、ハーゲンとアイヒマンは報告書を作成してハイドリヒに提出した。

一九三七年一一月四日付の報告書には、実際には現地の実情を確認していないにもかかわらず、パレスチナの状況について、ユダヤ人に批判的な説明が記されていた。

「経済的見地から見れば、パレスチナは救いようのない状況にある」

「このような経済的混乱は、ユダヤ人が互いをだまし合うことで生じている」

「ユダヤ人が自国の経済秩序を建設する上で不向きであることは、エルサレムに四〇ヵ所ものユダヤ人銀行があり、同胞をだまして金を巻き上げていることからもわかる」

また、ドイツのユダヤ人の国外退去という問題については、こう記されていた。

「ユダヤ人資本を外国に譲渡してしまうことは、われわれの望むところではない。逆に、資産のないユダヤ人を外国に追放することが先決である」

つまり、ドイツ国内のユダヤ人が「財産を持ったまま」国外に出ることは許さないが、財産をドイツに置いていく形であれば「追放」することが望ましい、ということだった。親衛隊保安局長のハイドリヒは、この報告書に目を通して「了承」の署名を記入した。

一九三八年一月三〇日、アイヒマンは親衛隊少尉に昇進したが、ハイドリヒの親衛隊保安局はこの時期、隣国オーストリアの併合に備えた準備作業を進めていた。ナチ党がオーストリアで非合法化され、アイヒマンが住み慣れたリンツを離れてドイツに帰国した一九三三年以降、同国内の政情は不安定化し、政府への国民の支持が揺らいでいた。

一九三四年七月二五日、オーストリアのナチ党員は政権奪取のクーデターを企《くわだ》て、ナチ党が敵と見なすドルフース首相を射殺した。この政権転覆の企ては失敗に終わり、教育相のクルト・シュシュニクが後任の首相となったが、彼も「オーストロファシズム」(オーストリアのファシズム。ファシズムは全体主義)と呼ばれる反ナチスの独裁路線を継承した。

だが、オーストリア国内では、ナチ党員によるクーデターが失敗したあとも、自国が政治と経済の混迷から脱するためには独自路線に執着せず、隣の強国ドイツと合邦するのが最善の道だと主張するナチ勢力への支持が、市民の間に広がり続けた。

一方、ヒトラーは一九三七年一一月五日、陸海空三軍の総司令官と外相コンスタンティン・フォン・ノイラートが列席する会議で、ドイツの「生存圏（レーベンスラウム）」を確保するため、隣国オーストリアとチェコスロヴァキアを近い将来に併合する意向であることを宣言した。

それから三ヵ月後の一九三八年二月一二日、ヒトラーはオーストリアのシュシュニク首相をバイエルン南東のベルヒテスガーデンにある自らの山荘（ベルクホーフ）に招き、軍事力の行使をほのめかしながら、次のような要求を突きつけた。

「オーストリア・ナチ党員のアルトゥル・ザイス＝インクヴァルトを、貴国の内務大臣に登用してもらいたい。また、貴国の外交や軍事政策は、ドイツの外交および軍事政策と完全な共同歩調をとると誓約してもらいたい」

ドイツとオーストリアの「合邦」とユダヤ人問題

このヒトラーの行動に伴い、アイヒマンの所属する親衛隊保安局は、ドイツがオーストリアを併合または征服した場合に「ナチ党体制の脅威となりうる内外の組織や個人」をリストアップし、それを膨大《ぼうだい》な検索カードに整理する作業に忙殺された。

個人に関するカードには、住所氏名と所属政党、人種や宗教、政治活動の有無などの情報が記入され、オーストリアがドイツに併合されたあと、監視や逮捕の対象となった。

ベルヒテスガーデンの山荘で、オーストリアをドイツの属国とするかのような、事実上の「ヒトラーの最後通牒《つうちょう》」に直面したシュシュニクは、この流れを阻止するにはドイツとの合邦への賛否を問う緊急国民投票を行なうしかないと考え、一九三八年三月九日のラジオ演説で「国民投票を三月一三日に行なう」と宣言した。

これを知ったヒトラーは、三月一一日にドイツ軍部隊をオーストリア国境に展開させ、オーストリアへの侵攻を準備した。もはや問題の平和的解決は不可能になったと理解したシュシュニクは同日、国民投票の延期を発表して首相を辞任した。

新たなオーストリア首相には、ヒトラーの盟友ザイス＝インクヴァルトが就任し、翌三月一二日にはドイツ第八軍の戦闘部隊が、国境を越えてオーストリア領内へと入った。

この時点では、ヒトラーはオーストリア全域の完全な併合ではなく、ドイツの属領として一定の自治権を付与する考えを持っていた。

しかし、国境を越えたドイツ軍の部隊が、オーストリア軍の抵抗ではなく、人々の歓喜の声援と花束で好意的に迎えられているとの報告を受けたヒトラーは、方針を急遽《きゆうきよ》変更して、オーストリアの全域を「エスターライヒ州」としてドイツへと併合する法律を両国政府に作成させ、一九三八年三月一三日付で公布した。

これにより、ドイツとオーストリアの「合邦（アンシュルス）」が成立した。

少年期と青年期を過ごしたオーストリアに愛着を持つアイヒマンは、ドイツのオーストリア進駐と共に同国内へと入った親衛隊保安局の一員として、旧首都のウィーンに開設された親衛隊保安局の現地支部に向かうよう、異動の辞令を受けた。

アイヒマンは、すぐに身の回りの荷物をまとめ、妻のヴェラと二歳になる長男のクラウスを連れて、リンツ在住時代に数回訪れたことのあるウィーンへと出発した。

《旧オーストリアで実績をあげ評価されたアイヒマン》

ロスチャイルド家の豪邸で始まったアイヒマンの新たな任務

ウィーンの親衛隊保安局支部は、すでにドイツ政府が資産没収で管理下に置いていた、国際的なユダヤ人財閥ロスチャイルド（ドイツ語読みではロートシルト）家の持つ大邸宅の一つに開設されていた。アイヒマンは、この屋敷に一室を与えられ、旧オーストリア領内のユダヤ人を国外に「移住」させる職務をスタートさせた。

形式は「合邦」とされたが、実質的にはドイツによるオーストリアの「併合」であり、ドイツの各種法令がそのまま旧オーストリアにも適用された。

ニュルンベルク法をはじめとするユダヤ人への差別的法律により、旧オーストリアのユダヤ人は自由と権利を剝奪され、安定した暮らしをしたければ、外国に移住するしか道はなかった。アイヒマンは、そのようなユダヤ人が国外に移住するスピードを加速させるべく、次々と手を打っていった。

彼はまず、ウィーンのユダヤ人協会の幹部に圧力をかけ、事務所の捜索を行なって各種の書類を押収した上で、ユダヤ人の国外移送という作業に協力させる仕組みを構築した。

同年七月、親衛隊中尉に昇進したアイヒマンは、翌八月にウィーン市内のホイガッセ通り二六番地（当時の地番）「にある「アルベルト・ロートシルト宮殿」という壮麗な建物に「ユダヤ人移民中央事務局」という親衛隊保安局傘下の機関を設置し、その責任者となった。この建物も、ロスチャイルド家が保有する豪邸の一つだったが、ウィーン当主のルイ・ロートシルトはすでにゲシュタポに身柄を拘束されており、アイヒマンは邸宅を自由に活用できた。

ウィーン市内に残れば、さまざまな形でナチ党とその支持者による迫害を受ける可能性が高いこともあり、一定の財産を持つユダヤ人は、国外への移住に必要な手続きを行なうために、この宮殿へと足を運んだ。だが、彼らはさまざまな名目で財産を没収され、移住に必要な外国為替も法外なレートで購入することを強いられた。

これらの事務作業を、ユダヤ人移民中央事務局で手伝わされたのが、ユダヤ人協会のユダヤ人従業員だった。アイヒマンは時折、作業を行なうユダヤ人を視察したが、彼らはアイヒマンの実質的な部下として、国外脱出を望むユダヤ人たちと窓口でやりとりし、必要な書類に判を捺《お》すなどの作業をさせられていた。

一九三八年一〇月二一日、アイヒマンはドイツ本国の親衛隊保安局本部に、自らの業務の「実績」を記載した報告書を提出した。それによれば、彼はウィーンに赴任した一九三八年三月から同年九月までの半年間に、概数で五万人のユダヤ人を旧オーストリア領から国外に追放することに成功していた。

前記したハーヴァラ協定で、一九三三年から一九三九年までの六年間にドイツからパレスチナへと移住したユダヤ人の数は約六万人だったが、一九三八年三月から同年九月までのドイツからのユダヤ人国外移住者は、約一万九〇〇〇人だった。そのため、アイヒマンの手腕は親衛隊保安局の上層部、とりわけハイドリヒから高く評価され、ユダヤ人の国外追放に関する専門家（スペシャリスト）という評判が彼に与えられた。

「水晶の夜」事件とユダヤ人国外移住の増加

ウィーンでのアイヒマンの暮らしは、リンツ時代やベルリン時代とは異質な、慎ましさを欠いた贅沢なものとなっていた。

彼は、ロスチャイルド家の豪邸で当主のように振る舞い、同家の高級車でウィーン市内を見物し、同家のワインセラーに貯蔵してあった高級ワインを親衛隊の仲間と味わった。酒宴には女性が呼ばれ、アイヒマンは何人もの女性を愛人にしていたといわれる。

だが、そんなアイヒマンの乱脈な私生活を、ベルリンの親衛隊保安局は黙認した。アイヒマンは、オーストリアのユダヤ人を効率的に国外へと追放しているだけでなく、彼らの所有する財産も「効率的に」召し上げてドイツ国庫に納めていたからである。

ハイドリヒは、オーストリアで大きな成果を挙げたアイヒマンの「ユダヤ人移民中央事務局」をドイツ全土に拡大することをナチ党政府に推奨し、一九三九年一月二四日にベルリンの内務省本部に「ユダヤ人移住帝国本部」が開設された。オーストリアを含むドイツ国内では、一九三八年一一月九日の「水晶の夜（クリスタルナハト）」事件以降、国外脱出を望むユダヤ人が急激に増加しており、ベルリンのユダヤ人移住帝国本部は対応に追われた。

ナチ党によるユダヤ人迫害の歴史に特筆される「水晶の夜」事件は、同年一一月七日にフランスのパリで発生した、一七歳のユダヤ系ポーランド人青年ヘルシェル・グリュンシュパンによる在仏ドイツ大使館員殺害事件がその発端だった。

彼は、ドイツ政府が強行したユダヤ系ポーランド人約一万七〇〇〇人の帰国措置がポーランド政府に拒否され、行き場を失った同胞が難民となったことに怒りを感じていた。

この殺害事件の報復として、ナチ党の突撃隊が中心となり、ドイツ国内の反ユダヤ勢力がナチ党政権の黙認下で大規模な迫害事件を引き起こした。ユダヤ人を標的とする暴動と襲撃により、一〇〇人近いユダヤ人が殺され、一二六七のシナゴーグ（ユダヤ教の会堂）と七五〇〇軒以上のユダヤ人経営の商店や企業が破壊された。

一一月九日から一〇日の夜に吹き荒れた暴力と破壊のあと、路上にはユダヤ人商店や家屋のガラスが散乱し、水晶のように煌《きら》めいていたことから、この事件は「水晶の夜」と呼ばれる。ナチ党傘下の警察は、さらに三万人以上のユダヤ人を理不尽《りふじん》に逮捕して、ダッハウなどドイツ国内の強制収容所に送り込んだ。

このような異常事態により、ドイツ国内のユダヤ人は以前にも増して身の危険と不安を抱くようになり、国外移住を望むユダヤ人の数は激増した。

だが、オーストリアの場合と同様、ユダヤ人が国外への移住許可をドイツ政府から得るためには、所有する財産を手放してナチ党に「献上」することが必要だった。


チェコのプラハでもユダヤ人「移住」を取り仕切ったアイヒマン

一九三九年三月一五日、ベルリンでヒトラーとチェコスロヴァキアのエミール・ハーハ大統領が、チェコスロヴァキアの解体を意味する協定に調印した。

先に述べた通り、ヒトラーは一九三七年一一月の時点で、近い将来にチェコスロヴァキアをドイツに併合するとの構想を披露していた。その後、ヒトラーはまず同国内でドイツ人住民が多いズデーテン地方をドイツに割譲せよと、チェコスロヴァキア政府に圧力をかけ、イギリス・フランス・イタリアの各国首脳を巻き込んだ外交戦の末、一九三八年九月三〇日の「ミュンヘン協定」でその目的を達成していた。

一九三九年に入ると、ヒトラーはチェコスロヴァキアの西半分であるチェコの併合を意図した恫喝外交を展開し、三月一五日の協定により、ボヘミアとモラヴィアの両地方からなるチェコを「ベーメン・メーレン保護領」としてドイツの属領とすることに成功した。

それから一ヵ月後の四月、アイヒマンは新たにドイツ領となったベーメン・メーレン保護領の中心都市（旧チェコスロヴァキアの首都）プラハへと向かい、同領内にいるユダヤ人の国外移住（事実上の追放）を指導せよという、新たな命令を受けた。

一九三八年三月から一九三九年四月までの一年と一ヵ月で、アイヒマンが旧オーストリア領内から国外に移住させたユダヤ人の数は、一五万人に達していた。

だが、プラハでの新たな任務は、アイヒマンの思うようにははかどらなかった。この頃には、新たなユダヤ人の移民を受け入れる国がほとんどなくなっていたからである。

また、ナチ党政権も、ドイツ本国からのユダヤ人の国外移送を優先する方針をとっており、アイヒマンは本国が進める国外移送の妨げにならないとの条件つきで、プラハでもユダヤ人移民の中央事務局を開設することを認められた。

ベーメン・メーレン保護領では、ウィーン時代のような贅沢な暮らしはできなかったが、アイヒマンは何人かのユダヤ人有力者からの協力を得ながら、保護領内のユダヤ人を国外に移送する作業を進めていった。

だが、彼がプラハに赴任してから五ヵ月後の一九三九年九月、ドイツとアイヒマン、そしてユダヤ人の命運を大きく揺るがす出来事が発生する。

ドイツ軍のポーランド侵攻により、第二次世界大戦が勃発したのである。

第二章

ナチスのユダヤ人迫害政策と「ヴァンゼー会議」

《独ソのポーランド分割併合とユダヤ人「国外追放」の新展開》

ドイツの隣国ポーランドとユダヤ人問題

一九三九年九月一日、ドイツ軍が隣国ポーランドに侵攻し、二日後の九月三日にはイギリスとフランスの両国が、ポーランドを支援する立場でドイツに宣戦布告した。

これにより、のちに「第二次世界大戦」と呼ばれる大戦争の幕が切って落とされたが、ドイツとポーランドの二国間関係は、一九三〇年代を通じて比較的良好だった。

ポーランドで「建国の父」と称されるユゼフ・ピウスツキが一九三五年五月一二日に死去したあと、ポーランド政府は軍部と民族派が主導権を握る「右派」政権となり、一九三四年一月二六日に締結した「独波（ドイツ・ポーランド）不可侵条約」を尊重しつつ、政治的に近い路線と思われたドイツのヒトラー政権とも協調していた。

ポーランドは、一〇世紀から一七世紀までの間、キリスト教の王国として繁栄したが、一八世紀に入ると内政の混迷と周辺国の台頭により弱体化し、一七七二年と一七九三年、一七九五年の三次にわたる領土分割により、国土を西の隣国プロイセン（のちのドイツ）と東の隣国ロシア（のちのソ連）、南の隣国オーストリアに分割併合されて、ポーランドという独立国は地図上から姿を消した。

第一次大戦でドイツとオーストリア＝ハンガリーが敗北（一九一八年）し、ロシアが革命（一九一七年）に続く内戦で混乱していた一九一九年六月二八日、ヴェルサイユ講和会議（英仏米日などの戦勝国と敗戦国ドイツの講和会議）でポーランド共和国の成立（独立の回復）が国際的に承認され、イギリスの後押しで国境の画定が進められた。

この時、バルト海に面したドイツ領の東プロイセン地域とドイツ本国の間にある広い領域（いわゆるポーランド回廊）がポーランド共和国の領土に編入され、東プロイセンはドイツ本国から切り離された「飛び地」となっていた。

また、東プロイセンの西に隣接する商業港ダンツィヒも、ヴェルサイユ条約の第一〇〇条から第一〇八条に記された規定により、ドイツ領から切り離されて、国際連盟管轄下の「自由都市」という位置づけとされた。

ヴェルサイユ条約を「不当な屈辱」と見なすヒトラーは、この「失われた領土」についても回復すべきだと考え、まず一九三八年一〇月二四日、ヨアヒム・フォン・リッベントロップ外相に、計八項目から成る条約の草案をポーランド大使に提示させた。

そこには、「現在、国際連盟の管理下にある自由都市ダンツィヒの主権は、ドイツに返還される」や「ドイツは、ダンツィヒおよび東プロイセンとドイツ本国を結ぶ、高速道路および複線鉄道を、ポーランド領内に建設し、この交通路における治外法権を有する」「ポーランドは、ドイツ主権下のダンツィヒにおいて、治外法権を有する道路、高速道路および鉄道を特例的に保有し、自由に使用可能な港湾も保持する」などの条項が含まれており、ヒトラーはポーランド側の利益にも配慮するそぶりを見せていた。

だが、ドイツ側から提示された条約草案の内容を大使から聞かされたポーランド外相ユゼフ・ベックは、このような要求は受け入れられないとして黙殺する態度をとった。

ポーランド国民の間には、グダニスク（ダンツィヒのポーランド側呼称）は本来自国の領土だという意識が強く、第一次大戦後に独立を回復してまだ十数年しか経っていないこともあり、領土問題での譲歩はポーランド国民の強い反発を招くと予想されたからである。

独ソ両国に挟撃され再び地上から消されたポーランド

五ヵ月後の一九三九年三月二一日、ドイツの駐ポーランド大使が再び、条約草案への同意をベック外相に求めたが、ベックはこれを拒絶した。そして、ベックが四月三日にロンドンを訪問してイギリス政府に接近すると、ヒトラーはこれを「自国への敵対行為」と見なし、軍にポーランド侵攻作戦の準備を行なうよう命じた。

四月二八日、ドイツ政府はポーランドとの不可侵条約を破棄し、両国の緊張はさらに高まったが、ヒトラーにとっての懸案事項は、ドイツ軍がポーランドに侵攻した場合、その東に位置するソ連（ソヴィエト連邦）がどう出るかだった。

ロシア内戦に勝利して成立したソ連の最高指導者ヨシフ・スターリンもまた、第一次大戦後にロシア帝国領からポーランド領となった東部一帯を自国に取り戻したいと考えていたが、ヒトラーとナチ党は政権を握る前から共産主義を敵視する姿勢を取り続けており、独ソ関係はヒトラーがドイツ首相となった一九三三年以降、冷え切っていた。

しかしこの時、スターリンもヨーロッパの政情を注視した上で、英仏とドイツのどちらかと手を結ぶのが得策だと理解していた。ヒトラーは、政治路線の違いを棚上げしてソ連との外交関係を修復し、一時的な同盟関係の樹立に向けて動き出した。

その結果、一九三九年八月二三日に「独ソ不可侵条約」が締結され、独ソ両国に挟まれたポーランドは東西から挟み撃ちにされる危機に直面した。この条約には、ポーランドの国土をドイツとソ連で山分けして併合するという、秘密議定書が付帯していた。

九日後の九月一日、ドイツ軍が北の東プロイセンと西のドイツ本国からポーランドへの侵攻を開始し、九月一七日にはソ連軍が東からポーランド東部に侵入した。イギリスとフランスは、九月三日にドイツへ宣戦布告したものの、遠く離れたポーランドを救援する軍事行動はほとんどとれず、ポーランド軍部隊は各地で敗北を重ねた。

九月二七日には首都ワルシャワが陥落し、九月二九日には独ソ両国が改めてポーランドの領土分割に関する秘密議定書（日付は前日の九月二八日）に調印した。

こうして、ポーランドは独ソ両国に敗北し、再び地図上からその存在を消し去られた。独ソ分割線より西のポーランド領のうち、ドイツ国境に面した北西部は、ヒトラーが署名した一〇月一二日付の布告（発効は一〇月二六日）により、ダンツィヒと共に、ドイツ本国の行政機構へと編入された。

この編入地域のうち、ポズナニ（ドイツ語ではポーゼン）を中心とする中央部は「ポーゼン帝国大管区」と呼ばれたが、一九四〇年一月二九日に「ヴァルテラント帝国大管区（通称ヴァルテガウ）」へと改称された。

ワルシャワを含む中部と南部は、実質的なドイツの植民地（ドイツ本国ではない属領）という位置づけで「ポーランド総督府」の管理下に置かれ、一九三三年にオーストリアでデモ煽動を企てたナチ党員のドイツ人ハンス・フランクが総督に任命された。

九月二七日、ハイドリヒが局長を兼任する二つの組織、親衛隊保安局と保安警察（ゲシュタポと刑事警察を含む警察機構）が統合されて「国家保安本部（RSHA）」という新たな組織が誕生し、親衛隊大尉に昇進していたアイヒマンは一〇月初頭にプラハからベルリンへと呼び戻された。

ポーランドのユダヤ人が押し込められた居住区「ゲットー」

一九三九年九月に第二次大戦が始まった時、ポーランド国内には約三三〇万人のユダヤ人が存在し、独ソの分割併合でドイツの統治下となった領域には、そのうちの約二〇五万人（ドイツ本国となった地域に約五五万人、総督府領に約一五〇万人）が居住していた。総督府領のワルシャワだけで、ユダヤ人の数は約四〇万人に達した。

この事実は、アイヒマンが所属する国家保安本部のユダヤ人問題を扱う部局にとって、途方もない難題を抱え込むことを意味していた。

アイヒマンが一年ほどで旧オーストリア領内から国外に移住させたユダヤ人の数は、約一五万人だったが、ポーランドの西半分がドイツの手に落ちたことで、その一三倍以上に当たるユダヤ人が「ドイツ支配圏内」に出現したからである。

イギリス統治下のパレスチナを含め、多くの国はすでにユダヤ人移民の受け入れを制限または拒絶する姿勢をとっており、ドイツと英仏が戦争状態に入ったことで、ドイツ支配圏内のユダヤ人を国外に「移住」させる政策は完全に暗礁《あんしょう》へと乗り上げていた。

統合前の親衛隊保安局と保安警察は、ハイドリヒの命令により、ポーランドに侵攻したドイツ軍部隊のあとに続く形で「行動部隊（アインザッツグルッペン）」と呼ばれる武装した小部隊を現地に送り込んでいた。それらの部隊は、治安維持の名目でユダヤ人の市民を殺害しており、犠牲者の数は、一九三九年の年末までに約七〇〇〇人に達した。

親衛隊によるユダヤ人の大量殺害は、第二次大戦勃発と共に始まっていたのである。

そしてハイドリヒは、対ポーランド戦が終盤に差しかかった九月二一日、占領したポーランド農村部のユダヤ人を大都市に集めよとの命令を下すと共に、総督府領のクラクフ東方にユダヤ人居留地を建設するとの計画草案を作成した。

こうして誕生したのが、ユダヤ人を強制収容する居住区「ゲットー」だった。

ゲットーとは、中世のヴェネツィアで最初に作られたユダヤ人の隔離居住区のことで、その後ヨーロッパの各都市で同様のゲットーが作られ、独自の宗教と生活習慣を守るユダヤ人を市内の狭い一角に隔離した。石壁で囲まれたゲットーの中で、ユダヤ人は自治権を付与されたが、外部に出る際にはユダヤ人とわかる印を着用するよう強制された。

一〇月八日、総督府領内に最初のゲットーが作られ、一一月二三日には旧ポーランド領に住む一〇歳以上のユダヤ人は、ユダヤ人のシンボルである「ダビデの星（二つの三角を上下反対にして重ねたもの）」が入った腕章の着用を義務づけられた。

その頃アイヒマンは、ベルリンでハイドリヒの部下ハインリッヒ・ミュラー親衛隊中将から命令を受け、ドイツに併合された旧ポーランド領を含むドイツ国内のユダヤ人を対象とする、新たな「ユダヤ人移住帝国本部」を設立した。

アイヒマンは、ユダヤ人が居住する総督府領の地域を視察したあと、他地域のユダヤ人を送り込む「移住先」として、総督府領は最適だとの考えに至っていた。そして、国内各地から千人単位のユダヤ人を鉄道で総督府領に送り込む職務をスタートした。

《野心的で空想的な「マダガスカル移住計画」の頓挫》

千人単位のユダヤ人を鉄道で輸送するシステムの構築

一九三九年一二月一九日、アイヒマンは国家保安本部第Ⅳ局（ゲシュタポ局）D部（宗派部、一九四一年三月一日にB部と改称）第4課（ユダヤ人課）の課長に任命されたが、職務の内容はそれまでと同様、ドイツ国内のユダヤ人の域外への「移住」推進だった。

アイヒマンの上司となる第Ⅳ局の局長は、前出のミュラーだった。

だが、旧ポーランド領での彼の任務も、さまざまな難題に直面した。

ドイツ政府はこの時期、ポーランド東部を併合したソ連や、東プロイセンの北東に位置するバルト三国（リトアニア、エストニア、ラトビアは、一九四〇年にソ連へ併合されるが、第二次大戦が勃発した一九三九年九月時点では独立国だった）と協定を結び、これらの領域に住むドイツ系住民（民族ドイツ人＝フォルクスドイッチェ）を、新たにドイツ領となった旧ポーランド北西部に移住させる政策を進めていた。

このドイツ系住民の移住を受け入れるため、旧ポーランド北西部に元々住んでいたポーランド人とユダヤ人が、追い出される形で総督府領へと「移住」させられることとなり、アイヒマンの部局はその輸送の手配作業で忙殺された。

この事例が示す通り、アイヒマンとその部局が進めてきたユダヤ人の国外「移住」は、当初から一定の強要性を伴う場合が多かったが、第二次大戦の勃発と共に、本人の意思とは無関係になされる、ドイツの国策としての完全な「強制移住」へと変質していた。

アイヒマンは、鉄道を活用して千人単位でユダヤ人を総督府領へ輸送するシステムを構築し、ユダヤ人の移送を進めようとしたが、総督のフランクは自分が統治する領域にユダヤ人が大勢「移住」する政策に反対し、もしアイヒマンが総督府領内に入ったら逮捕せよと、国家保安本部のブルーノ・シュトレッケンバッハ親衛隊少将に命令した。

アイヒマンとは旧知の間柄だったシュトレッケンバッハは、対ポーランド戦で「行動部隊」の一隊を率いた指揮官でもあったが、「国家保安本部長官ハイドリヒの命令がなければ、そのような逮捕はできない」と拒絶した。その一方で、総督府領内へ「移住」するユダヤ人の増加を拒むフランクの意向により、アイヒマンが意図した「諸地域のユダヤ人を総督府領内へ送り込む」という構想は暗礁《あんしょう》に乗り上げた。

だが、アイヒマンがこの時に構築し始めた「鉄道によるユダヤ人の大量移送」という実務処理のシステムは、試行錯誤と経験の蓄積を経て、わずか数年のうちに、ヨーロッパでドイツ支配圏内に置かれたユダヤ人の命運を大きく変える役割を果たすことになる。

ハイドリヒは、ドイツ運輸省の管轄下にある鉄道輸送の許認可において、国家保安本部に関する輸送業務は「戦時物資並み」に優先されるとの決定を、すべての中央省庁に周知させた。これにより、アイヒマンの部署は、鉄道列車の手配における権限を拡大し、ユダヤ人の「移住」に必要な鉄道輸送の能力を確保する道が開かれたのである。

しかしアイヒマンはこの時、増え続けるドイツ支配圏内のユダヤ人をどこへ「移住」させるかという当座の難題と向き合っており、総督府領へと無制限に送る計画が頓挫《とんざ》したことで、新たな「移住先」を見つける必要に迫られた。

一九四〇年一月四日、アイヒマンを議長とし、各省庁の代表者が参加する会議がベルリンで開かれ、ドイツに併合された旧ポーランド北西部地域（とくにヴァルテガウ）への「民族ドイツ人」数万人の受け入れに伴い、同地域のユダヤ人とポーランド人を迅速に域外へと「立ち退かせる」ための方策が協議された。だが、恒久的な移送先については、いまだ何の目途《めど》も立っていなかった。

そんな時、事態は新たな展開を見せた。

一九四〇年四月九日、ドイツ軍は北欧のデンマークとノルウェーに侵攻し、五月一〇日には、西欧のオランダとベルギー、ルクセンブルク、フランスに対する大規模な侵攻作戦を開始したのである。

次々とドイツの軍門に降ったオランダ、ベルギー、フランス

第一次大戦時、ドイツ軍はオランダの中立は尊重しつつ、ベルギーとフランスに攻め込んだが、首都パリの攻略には失敗し、四年にわたる総力戦ののちに敗北した。

ヒトラーは、この前例を踏まえて短期決戦でこれらの国々を屈服させるべく、戦車の集団運用や、その前進と連携する急降下爆撃、パラシュートで降下する空挺部隊などの先進的な戦術を実行させた。その結果、ドイツ軍は各地で圧勝し、六月末までにデンマーク、ノルウェー、オランダ、ベルギー、ルクセンブルク、フランスのすべてを征服した。

この大勝利は、アイヒマンと彼の部署にとっては職務上の負担の増大を意味していた。第二次大戦の勃発時、オランダには一六万人、ベルギーには一〇万人、ルクセンブルクには二二〇〇人、フランスには二二万五〇〇〇人のユダヤ人がおり、ただでさえ「移住」先を探しあぐねていたアイヒマンとその部下は、ドイツ支配圏の拡大と共に、約五〇万人のユダヤ人を追加で「抱え込む」ことになったのである。

その一方で、いくつもの海外領土（事実上の植民地）を持つ大国フランスのドイツへの降伏は、ユダヤ人問題についての新しい解決法を、アイヒマンらに想起させた。

アフリカ大陸の南東に浮かぶ島マダガスカルへの「強制移住」という案である。

マダガスカルにユダヤ人国家を創設するというアイデアは、一九世紀末からドイツの反ユダヤ主義者によって提唱され、二〇世紀に入ってからも反ユダヤ主義者の間で「問題解決策」として議論されていた。ナチ党政権下のドイツでも、一九三八年からマダガスカルにユダヤ人を「移住」させる案が検討されたが、南北約一六〇〇キロ、約五九万平方キロの面積を持つこの巨大な島は、一八九七年以来フランスの植民地となっていた。

一九四〇年六月二二日にフランス共和国政府がドイツと休戦協定を結んだあと、フランス本国の領土は、ドイツの軍政統治下にある北部と、温泉町ヴィシーに首都を置く南部の「フランス国」（通称ヴィシー政府）に分割された。マダガスカルを含むフランスの植民地は「親ドイツ的中立」のスタンスをとるヴィシー政府の統治下に置かれた。

これにより、政治的には「マダガスカル移住計画」を実行可能な状態となった。

親衛隊全国指導者のヒムラーは、フランスが降伏する前の一九四〇年六月九日、仏領マダガスカルへの「移住」を視野に入れて、ユダヤ人の総督府領への輸送停止を命じた。

もし、この移住計画が実現すれば、親衛隊は「ドイツ支配圏からのユダヤ人の排除」という政治目標を実現できるだけでなく、ドイツに併合された旧ポーランド北西部の地域から、多くのポーランド人を総督府領へと入れ替わりに移住させることも可能になる。

六月一八日、ドイツ外相リッベントロップはイタリア外相ガレアッツォ・チアノに「ユダヤ人をマダガスカルへ送る」という計画について語り、六月二〇日にはドイツ海軍総司令官エーリヒ・レーダー元帥が「総統〔ヒトラー〕はマダガスカルをフランス〔ヴィシー政府〕の責任下でユダヤ人居住地にしようとしている」と書き記した。

幻に終わったフランス領マダガスカル島への「移住計画」

一九四〇年七月初頭、ドイツ外務省のユダヤ人問題担当官フランツ・ラーデマッハーは、ナチ党と親衛隊、内務省の幹部と「マダガスカル移住計画」の実務面を協議した。

七月八日、ヒトラーはポーランド総督フランクと会談し、フランクの要請を聞き入れ、ユダヤ人の総督府領への移送はもう行なわないと約束した。

八月一五日、アイヒマンの部局は、ドイツ支配圏外を含むヨーロッパのユダヤ人約四〇〇万人をマダガスカルへ「移住」させる具体的な計画を記した小冊子『国家保安本部マダガスカル計画』を、国家保安本部の上層部に提出した。

この計画文書によれば、この時点で総督府領内には二三〇万人、ドイツ本国および保護領には八二万人のユダヤ人が存在したが、これらをマダガスカルに追放できれば、戦時体制のドイツはさまざまな「負担」を軽減できるものと見込まれていた。

だが、この「マダガスカル移住計画」にはいくつも難題が付随していた。それを実現するためには、「対イギリス戦争でのドイツの勝利」と「独ソ不可侵条約の継続」、そして「ヴィシー政府のドイツへの協力」が必要とされたが、イギリスは一九四〇年八月に英国本土上空で繰り広げられた航空戦で勝利し、首相のウィンストン・チャーチルはドイツに対する徹底抗戦の構えを見せて国民の人気を博していた。

そして、ヨーロッパからマダガスカルへと向かう船舶の輸送ルートである地中海とインド洋、迂回ルートとしての大西洋では、イギリス海軍が制海権を握っていた。

一九四〇年一〇月、ヒトラーは「マダガスカル計画」が実現する見込みは薄いと悟り、フランクとの約束を反故《ほご》にして、ユダヤ人の総督府領への移送を再開することを認めた。

一二月初頭、アイヒマンはヒムラーに三通の報告書を提出し、行き場のないユダヤ人は引き続き、総督府領内へと移送されると報告した。彼はその中で、ドイツの管理下に置かれているユダヤ人は、総出産数よりも総死亡者数の方が五万七〇〇〇人以上も多いと指摘し、これを「『自然減』によるユダヤ人人口の減少」と表現した。

その頃、ヒトラーは新たな大規模戦争の準備を軍首脳部に命じていた。

東方の大国ソ連に対する全面侵攻である。

一二月一八日、ヒトラーは国防軍総司令部から提出されたソ連侵攻の最終計画案に多少の修正を加えて承認し、総統訓令第二一号「バルバロッサの場合」として発令した。

これに伴い、ヒムラーとハイドリヒはマダガスカルに代わる新たなユダヤ人の「移住」先を、広大な領土を持つソ連に見出していた。

同年五月から六月の短期決戦で西の大国フランスを倒した時と同じように、数ヵ月の戦いで東の大国ソ連を征服することに成功すれば、その領内の辺境地にユダヤ人国家を作って鉄道でユダヤ人をそこに送り込み、今やドイツの戦時体制にとっての重荷となっているユダヤ人問題を一挙に解決することも夢ではないと思われたのである。

《ドイツ軍のソ連侵攻とユダヤ人「移住」政策の行き詰まり》

「任務部隊」によるソ連領内のユダヤ人大量殺害

一九四一年六月二二日、ドイツ軍は将兵三〇五万人、戦車三三五〇輌という大兵力でソ連への侵攻を開始し、最初の二ヵ月は前年と同様の大勝利を各地で重ねていった。

そして、対ポーランド戦と同様、対ソ侵攻作戦においても、親衛隊を中心とする「行動部隊」が前線のドイツ軍部隊に追随し、ソ連領内の占領地でユダヤ人殺害を繰り返した。

独ソ戦に投入された「行動部隊」の規模は、対ポーランド戦の約二七〇〇人よりも少し拡大して約三〇〇〇人で、ドイツ軍の北方・中央・南方の三個軍集団（戦闘部隊を統括指揮する上級司令部で、一個軍集団は複数の「軍」から成る）とウクライナ南部およびクリミア半島を管轄するドイツ第一一軍に、A～Dの計四個部隊が割り当てられた。

各行動部隊の主力は、武装親衛隊（親衛隊所属の戦闘部隊）の人員で、ここに保安部員や各種警察の警官らを編入した混成部隊だった。

対ポーランド戦では、行動部隊とドイツ軍の前線部隊は異なる形で運用されていたが、対ソ戦ではヒトラーからドイツ軍部隊に対して、一九四一年六月六日付で「捕虜のコミッサール（ソ連軍の部隊に配属された政治将校で、共産党の政治思想を説いて戦意を鼓舞する役割を担った）は射殺せよ」との「コミッサール指令」が下されており、この指令の遂行においては「行動部隊」と連携するよう指示されていた。

こうした状況から、対ソ戦における「行動部隊」の活動はドイツ軍部隊の支援を受けられる形となり、ユダヤ人殺害という任務を帯びた各行動部隊は、占領地の後方で住民の選別を行なって、ユダヤ人や「政治将校と疑われる者」を次々と射殺していった。

その殺害の状況はさまざまで、ソ連軍が防衛用に構築した塹壕《ざんごう》や対戦車壕の縁《へり》に並ばせて射殺したあと、死体を壕に落として埋めたり、人目につかない森や湿地の奥に連行して射殺する場合もあった。最初の段階では、成人のユダヤ人男性だけを射殺の対象とし、女性は（射殺する男性兵士に心的外傷を負わせないよう）人里離れた湿地に逃がす方針がとられたが、八月頃からは女性や子どもも無差別に殺害されるようになった。

九月一九日、ソ連領ウクライナの古都キエフ（現キーウ）がドイツ軍によって占領されると、南方軍集団に配属された「行動部隊C」は同市内のユダヤ人を市北西のバービイ・ヤール（「老婆の谷」）と呼ばれる峡谷に強制連行し、九月二九日と三〇日の二日間で約三万四〇〇〇人のユダヤ人を殺害した。

独ソ戦の開始から一九四一年末までの半年間に、「行動部隊」の所属人員や武装親衛隊の戦闘部隊によって殺害されたソ連領内のユダヤ人市民の数は、五〇万人から七〇万人に達すると見られている。毎日、数千人が殺された計算だった。

こうした「蛮行」を繰り広げる「行動部隊」の指揮官には、高い教育を受けた親衛隊の幹部が配属され、博士号を持つ指揮官も少なくなかった。彼らは、ナチ党の大義と現場で行なわれる無慈悲な大量虐殺を結びつけ、ユダヤ人の「駆除」がドイツ国家の将来にとって必要なものだという政治思想を、殺害に従事する隊員の頭に植え付けていた。

ドイツが「持て余している」数百万のユダヤ人の追放先としてソ連の領土を想定する以上、親衛隊にとっては新たなユダヤ人を「上乗せする」ことは論外だったのである。

「移住」から「虐殺」への変質を目撃したアイヒマン

ドイツ軍人の中には、ユダヤ人や政治将校の大量殺害を「道義的に許されないこと」あるいは「組織の名誉を貶《おとし》めるもの」として憤《いきどお》り、上官に中止や非協力を訴える将校も存在した。のちにドイツ軍内部の「反ヒトラー派将校」と謀議してヒトラーの暗殺を何度も企て、一九四四年七月二〇日のヒトラー爆殺とクーデター未遂事件（ワルキューレ作戦）にも関与した、ヘニング・フォン・トレスコウ大佐などである。

だが、各軍集団や軍、軍団、師団など各階層のドイツ軍司令官の多くは、ユダヤ人の大量殺害を進める「行動部隊」に協力的で、さまざまな形で便宜を図っていた。

一方、アイヒマンと彼の部署は、名称がⅣＤ４からⅣＢ４に変わった一九四一年三月から、ハイドリヒの意向に従い、ドイツ支配圏内のユダヤ人を占領後のソ連領内へ「移住」

させる計画を「ユダヤ人問題の最終的解決」として実行する研究を続けていた。

だが、アイヒマンの戦後の供述によれば、同年八月か九月（本人の記憶も曖昧）のある日、国家保安本部長官ハイドリヒは彼を呼び、現状の「移住」計画についてのヒトラーの考えについて説明したあと、ヒムラーから伝えられた内容を口にしたという。

「総統は、ユダヤ人の肉体的抹殺を命じられた」

そしてハイドリヒは、アイヒマンの反応をうかがうように、しばらく沈黙した。

これまでの歴史家の研究により、ヒトラーとナチ党幹部によるユダヤ人大量殺害の指示は、ソ連での「行動部隊」に対するものを除いて多くの場合、文書による命令ではなく、証拠が残らない口頭でなされていたと確認されている。

そして、ヒトラーが側近のヒムラーやヘルマン・ゲーリング（ナチ党政権のナンバー・ツーで、経済計画などの内政問題でも発言力を有していた）を通じてハイドリヒに「ドイツ支配圏内のユダヤ人の抹殺」を命じた事実は、さまざまな証拠から確実視されている。それが下された正確な日付については、現在もなお不明で、歴史家による議論が続いているものの、最上位の命令者がヒトラーであったとする認識では一致している。

そしてアイヒマンは、旧ポーランド領内やソ連領内の占領地でのユダヤ人の殺害が、上層部の命令通りに行なわれているか、現地で確認せよとハイドリヒに命じられた。

この命令に従い、アイヒマンはまず総督府領のルブリンに向かい、同地区の親衛隊と警察を統括するオディロ・グロボチュニク親衛隊中将の事務所を訪れた。彼が案内されたのは建設中の木造建物だったが、そこではソ連製の潜水艦から移設したモーターで有毒ガスを発生させて室内に充満させ、内部に閉じ込めたユダヤ人を殺害する予定だった。

現地の見聞をハイドリヒとミュラーに報告したあと、アイヒマンは、一九三九年にドイツへ編入された旧ポーランド領ヴァルテガウのウッチ（ドイツ名リッツマンシュタット）の近郊にあるヘウムノ（ドイツ名クルムホーフ）に行き、特殊なトラックを用いてユダヤ人を大量殺害するプロセスを目《ま》の当たりにした。

まず、建物の中で服を脱がされ裸にされたユダヤ人の集団が、トラックの後部にある箱形の荷台に歩いて入らされ、扉が閉じて荷台が密閉されると、トラックはエンジンをかけて走り出した。間もなく、荷台の中から叫び声が響いたが、やがて静かになり、一定時間走行したトラックは、大きな穴が掘られた目的地に到着して停車した。荷台の扉が開かれると、作業員が息絶えた死体を中から運び出し、穴の中へと投げ入れた。

事実上終止符が打たれたユダヤ人の「移住」政策

このトラックは、自動車会社に特注して作らせた、エンジンの排気ガスが荷台の密閉室に流れ込む構造の「特殊自動車（ゾンダーヴァーゲン）」だった。

自動車のエンジンの排気ガスに含まれる一酸化炭素によって、一度に多くのユダヤ人を殺害する装置だったが、国家保安本部の現地部隊が各地でこうした「発明」を行なっていた大きな理由の一つは、銃殺という殺害手段が実行者の親衛隊員にもたらす精神的ストレスの軽減だった。

ユダヤ人の射殺という任務に従事した「行動部隊」の隊員の多くは、志願ではなく命令で配属された人員で、敵対的な行動をとっているわけでもない一般市民を日常的に殺すという作業は、彼らの精神に大きな心的外傷を負わせていた。そのような報告を受けた各部隊の指揮官は、彼らの精神的ストレスを軽減するには、直接的な射殺とは異なる、システム化された手段が必要だとの結論に至った。

その結果として試作されたのが、密閉された部屋に閉じ込めた大勢のユダヤ人を排気ガスで一度に殺害するという、異様な構造を持つトラックや家屋だった。だが、この方法では完全に息絶えずに生存しているユダヤ人もおり、殺害手段としての効果は不安定だった。

アイヒマンは、ソ連領内の他の場所でも、ユダヤ人が「行動部隊」の隊員によって組織的に射殺される現場を視察し、実情をミュラーに報告したが、これらの出来事については内容の特殊さから、文書で報告することを禁じられていた。

ソ連領の白ロシア（ベラルーシ）やウクライナ、バルト三国などの後方地域で「行動部隊」がユダヤ人の大量殺害という与えられた任務を遂行していた頃、前線のドイツ軍部隊は、ソ連軍との戦いで開戦当初の優位性を失い、戦況は膠着《こうちゃく》状態となり始めていた。

ヒトラーとドイツ軍上層部は、対ソ戦を始める前、一九四〇年に短期間でドイツに屈服したフランス軍と同様に、ソ連軍も最初の数ヵ月で抵抗力を失って降伏するはずだと見込んでいた。だが、実際に戦争が始まると、ソ連軍はドイツ側の事前予想をはるかに上回る兵力を前線に投入し、数の力でドイツ軍の前進を食い止めていた。季節が秋になると、降雨で地面が泥沼化して、弾薬や燃料などの補給物資の輸送は滞《とどこお》った。

そして冬の到来と共に、ロシアの酷寒に対応できる本格的な防寒装備をほとんど用意していなかったドイツ軍将兵の前進は完全に停止し、数ヵ月の短期決戦で東の大国ソ連を打倒してユダヤ人の「移住」先を確保するという計画は、あえなく頓挫した。

一九三九年九月に第二次大戦が勃発した時、当時のドイツ国内には約三五万人のユダヤ人が存在し、旧ポーランド北西部の併合により約五五万人が追加されたが、この約九〇万人のうち、一九四一年末までに総督府領内へと移送されたのは、約一三万人だった。

総督府領には、この移送を受け入れる前から約一五〇万人のユダヤ人が存在したが、戦争序盤の連戦連勝に伴うドイツ支配圏の拡大により、各占領地から移送されるユダヤ人の数は増え続け、一九四一年末には二五〇万人近くに達していた。

もはや、「移住」という手段ではユダヤ人問題を解決できそうにない。

アイヒマンは、ハイドリヒから聞かされた「総統〔ヒトラー〕のご意向」を踏まえて、新たな解決法へと実務作業の方針を転換する必要に迫られた。

ヨーロッパからユダヤ人を「物理的に消失させる」ための体制づくりである。

《テレージエンシュタットのゲットーとアイヒマン》

親衛隊が現場で進めていた「ユダヤ人大量殺害の効率化」

アイヒマンがヘウムノなどで目撃した光景は、旧ポーランド領とソ連の占領地で行なわれていた、組織的なユダヤ人殺害のごく一部に過ぎなかった。

一九四一年八月一五日、ヒムラーはソ連領白ロシアのミンスクでユダヤ人の大量射殺を「視察」したあと、中央軍集団に配属された「行動部隊B」の指揮官アルトゥール・ネーベ親衛隊中将に、「任務を遂行する親衛隊員の精神的ストレスを軽くするために、別の殺害方法を検討せよ」と命じた。

ネーベは、爆薬や一酸化炭素ガスを使えば、彼らから見て「効率的」に大勢のユダヤ人を殺害できると考え、化学に詳しい部下にいくつかの方法を考案させ、白ロシアのミンスクやモギリョフなどで実際にユダヤ人を使って「実験」させた。

密閉したタンクにユダヤ人を入れて内部で爆薬を炸裂させる方法は、時間がかかる上に効果にばらつきが出たため、大量殺害は望めないとの結論が下された。

一酸化炭素ガスを使う方法は、トラックの荷台にユダヤ人を押し込めて、そこに排気ガスを流し込むもので、アイヒマンがヘウムノで目撃したのと同じ仕組みだった。九月一七日、モギリョフでこの実験が行なわれ、五〇〇人から六〇〇人のユダヤ人が殺害された。

また、九月一八日には密閉した浴室に精神障害者を閉じ込めた上、青酸ガスの「チクロンB」(後述)を流し込んで殺害する実験が行なわれ、約九〇〇人が死亡した。

同じ九月一八日、ヒムラーはヘウムノに、ナチ党に敵対的な「政治囚」などを収容するダッハウなどの強制収容所とは異質な、ユダヤ人の大量殺害を目的とする最初の「絶滅収容所」を建設する決定を下した。ここでは、排気ガスを使うトラック三輌が配備され、収容所から四キロ離れた場所には死体を投棄するための、長さ二〇〜三〇メートル、幅六〜八メートル、深さ四メートルの穴が掘られていた。

ヘウムノ絶滅収容所は、一九四一年一二月九日に稼働を開始し、一九四三年四月にいったん閉鎖されるまでの期間に、一四万五〇〇〇人以上のユダヤ人を殺害した。ガストラックの荷台から遺体を運び出して穴へ投げ込む作業は、「労務班員（ゾンダーコマンド）」という役割を強制的に与えられたユダヤ人が行なった。

同様の絶滅収容所は、総督府領内でも建設が検討され、ヒムラーは一〇月一三日、域内で最初の絶滅収容所をルブリン南東のベウジェツに建設するようグロボチュニクに命じた。この新たな絶滅収容所は、排気ガスのトラックではなく、敷地内の特殊な建物で毒ガスを用いてユダヤ人を「効率的」に殺害する施設とされた。

こうして、ヒムラーはユダヤ人の大量殺害という「与えられた任務」の遂行に伴う実行者の心理的負担を軽くするために、殺害プロセスの「システム化」を部下に進めさせた。だが、それは同時に、ナチ党政府が進めるユダヤ人問題の解決策としての「大量殺害」を常態化し、関与する人間の倫理観を麻痺させる効果をも生み出していた。

ドイツ本国領内から外部へのユダヤ人強制移送

旧ポーランド領とソ連の占領地で、何万人ものユダヤ人が流れ作業のように殺されていた頃、アイヒマンは、ドイツ本国と旧オーストリア、ベーメン・メーレン保護領（旧チェコ）内にいるユダヤ人の強制移送という問題と格闘していた。

一九四一年八月一五日、ドイツのナチ党政権の宣伝相ヨーゼフ・ゲッベルスは、彼が党の大管区指導者として統括するベルリン市内のユダヤ人を東方の旧ポーランド領かソ連に移送する許可を、ヒトラーに求めた。だが、ヒトラーはソ連との軍事作戦が継続中だとして、この申し出を却下した。

四日後の八月一九日、ゲッベルスは旧ポーランド領で行なわれている、ユダヤ人に対する「黄色いダビデの星の着用義務づけ」をドイツ国内にも拡大適用するよう求め、ヒトラーはこれを承認した。

この二つの出来事が示すように、ユダヤ人の処遇に関する決定事項はすべて、ヒトラーの許可を必要としており、これらよりもさらに重大な政治的意味を持つユダヤ人の大量殺害という行動を、ヒトラーの命令や承認なくして行なうことは事実上不可能だった。九月一七日、ヒトラーはドイツ本国と旧オーストリア、ベーメン・メーレン保護領のユダヤ人を、旧ポーランド領やソ連などに移送することを許可した。これにより、旧ポーランド領にはさらに多くのユダヤ人が流入することとなり、収容力を超えた各地のゲットーでは生活環境の悪化による死者も増大した。

前記した通り、ヒムラーがクルムホーフに絶滅収容所を建設する決定を下したのは、この翌日の九月一八日で、新たに流入する「ドイツのユダヤ人」を収容所やゲットーに受け入れるために、以前からいたユダヤ人を迅速に殺害する必要に迫られていた。

ベーメン・メーレン保護領では、同保護領の総督代理という役職も兼務するハイドリヒが、一〇月一〇日に域内のユダヤ人問題に関する会議を行ない、保護領内にいる八万八〇〇〇人のユダヤ人をどこに移送するかを検討した。その結果、五万人のユダヤ人を、旧バルト三国と白ロシアの「行動部隊（AおよびB）」の管轄地域に送るとの決定が下された。

アイヒマンは、このハイドリヒの決定を現地の「行動部隊」指揮官に伝達したが、一方的なハイドリヒの決定は、すでにキャパシティを超える任務を遂行中の現地部隊との間で対立を引き起こした。そのため、ドイツ本国と旧オーストリア、ベーメン・メーレン保護領から東方地域への移送は、限定的な範囲でしか行なわれず、一一月末に中断された。

これと並行して、アイヒマンは、プラハ北西のテレージエンシュタット（チェコ名テレジーン）にユダヤ人のゲットーを作り、移送先が見つからないドイツ本国のユダヤ人をそこに「一時収容する」というアイデアを発案し、ハイドリヒもこれを承認した。

一九四一年一一月九日、アイヒマンは「オストマルク（旧オーストリア）の非ユダヤ化（エントユードゥンク。ユダヤ人の排除）と、それに伴う（ユダヤ人が保有していた）巨額資産の確保（事実上のドイツ政府による没収）、保護領（旧チェコ）における積極的かつ必要な非情さを併せ持つ任務遂行など、ユダヤ人移住本部責任者としての多大な活躍」により、親衛隊中佐への昇進が認められた。

旧チェコのテレージエンシュタットに作られたゲットー

テレージエンシュタットは、一八世紀末に当時のオーストリア＝ハンガリーが築いた城塞都市で、ハプスブルク家の女帝マリア・テレジアにちなんで名付けられた。

一九四一年一一月二四日、第一陣として三四二人のユダヤ人が、鉄道でテレージエンシュタットに到着したが、彼らは同地をゲットーに改修する命令を受けた職人たちで、計画が完成すれば四万人が収容可能なゲットーになるはずだった。

テレージエンシュタット・ゲットーの司令官は、ジークフリート・ザイドル親衛隊大尉だったが、運営に関する実際の権限はアイヒマンが握っており、統治を円滑にするために「ユダヤ人長老評議会」と呼ばれるユダヤ人の代表組織を支配下に置いていた。

アイヒマンと彼の部局は、ユダヤ人の強制移住や管理を行なう際、各地のユダヤ人コミュニティで影響力を持つユダヤ人の長老からなる「ユダヤ人長老評議会」や、ユダヤ人の名士をリーダーとする「ユダヤ人評議会（ユーデンラート）」を作らせ、事務作業などをそれらの会に所属するユダヤ人に行なわせるという手法をとっていた。

テレージエンシュタットには、ドイツ本国と旧オーストリア、ベーメン・メーレン保護領からユダヤ人が移送される予定で、対象者の中には第一次大戦でドイツ軍やオーストリア軍に従軍して叙勲を受けた元軍人や、ドイツ社会で一定の社会的評価を得た名士なども含まれていた。ドイツに保護領として併合される前からこの城塞都市に住んでいたチェコ人の住民は、別の場所へと強制的に移住させられた。

だが、ゲットーの最初の施設完成には数ヵ月が必要で、収容規模も大きいとは言えず、国家保安本部は、各地で溢れ続けるユダヤ人の存在に頭を悩まされていた。

ドイツ占領下のラトヴィアの首都リガでは、ドイツ本国から移送されてくる数万人のユダヤ人を受け入れる「スペース」を作るために、すでに同地のゲットーに収容されていた約三万人のユダヤ人が「行動部隊」によって殺害された。

もはや小手先《こてさき》の対処法では事態の深刻化を食い止められないと判断したハイドリヒは、一一月二九日、「ヨーロッパにおけるユダヤ人問題の全体的解決」の諸問題を話し合うための政府合同会議を一二月九日に行なうと決定し、政策に関係する各省庁と地区行政機構の代表者に招待状を送付した。

この会議の段取りは、ハイドリヒの部下でユダヤ人問題を統括する「ⅣＢ４」課長アイヒマンが取り仕切り、参加予定者への招待状の送付を行なったほか、会議の議事録も彼とその部下が作成する手はずとなっていた。アイヒマンはまた、会議の席上でユダヤ人の「移住」に関する諸問題と現状を出席者に説明せよと、ハイドリヒに命じられた。

当初の予定では、この会議は一二月九日に行なわれるはずだったが、一二月五日にモスクワ周辺でソ連軍がドイツ軍に対する冬季反攻を開始し、一二月八日には日本軍の対アメリカおよびイギリスの戦争開始に呼応して、ヒトラーがアメリカへの宣戦布告を行なったことで政治情勢が揺れ動いたため、年明けの一九四二年一月に延期された。

ハイドリヒは、独ソ開戦から約一ヵ月後の一九四一年七月三一日に、ゲーリングから「ドイツのヨーロッパ勢力圏におけるユダヤ人問題を全面解決する準備の全権」という地位を付与されており、事実上、ドイツ勢力圏内にいるユダヤ人の「生殺与奪《せいさつよだつ》の権」を掌握する立場だった。

《ユダヤ人大量殺害をドイツの国策にした「ヴァンゼー会議」》

ヴァン湖(ヴァンゼー)の畔に集まった一五人の男

一九四二年一月二〇日、ベルリン中心部から南西に約一八キロの場所にある静かな邸宅で、延期されていた政府合同会議が、ハイドリヒを議長とする形で開かれた。

この邸宅は、ハーフェル湖に繋がるヴァン湖(ヴァンゼー)を望む三階建ての瀟洒《しょうしゃ》な建物で、国家保安本部が保養地として所有していた。

正午に始まった会議の参加者は、議事内容を記録する女性のタイピストを除けば一五人で、そのうちの六人は親衛隊の「制服組」だった。

国家保安本部長官ハイドリヒ親衛隊大将、その部下でアイヒマンの上司でもある国家保安本部第Ⅳ局（ゲシュタポ局）局長のミュラー親衛隊中将、親衛隊の人種および移住本部の本部長を務めるオットー・ホフマン親衛隊中将、ポーランド総督府の保安警察・保安部司令官カール・エバーハルト・シェーンガルト親衛隊上級大佐、ラトヴィア全権区保安警察・保安部司令官ルドルフ・ランゲ少佐、そして国家保安本部第Ⅳ局B部第4課長のアイヒマンである。

シェーンガルトとランゲは、ソ連領内のユダヤ人を大量殺害する「行動部隊」の任務に関わった経験を持つ、「ユダヤ人殺害の実行経験者」だった。

残りの九人は、ポーランド総督府のフランク総督が代理として派遣した次官ヨーゼフ・ビューラーを除き、ドイツの首都ベルリンで勤務する次官級の官僚だった。

フランクがこの会議でビューラーに期待した役割は、これ以上のユダヤ人が総督府領内に送られるのを阻止することだった。

ナチ党の官房法務局長ゲルハルト・クロップファーは、法学博士と親衛隊准将という肩書も持つ党の上級官僚の一人で、人種および民族問題や経済政策、国家保安本部との協力、占領政策の原則問題を担当していた。

首相官房局長のフリードリヒ・ヴィルヘルム・クリツィンガーは、政府の反ユダヤ政策全般に精通するユダヤ人問題の専門家で、移送されるユダヤ人の財産没収に関する法令の作成にも関与していた。

アルフレート・マイヤーとゲオルク・ライプブラントは、ソ連領のドイツ占領地域での政治・行政・経済を統括する「東部占領地域省」の次官と局長で、アルフレート・ローゼンベルクを大臣とする同省は、占領地域における資源の略奪と住民の搾取、ユダヤ人の弾圧にも関与していた。ソ連領内での「行動部隊」によるユダヤ人大量殺害は、東部占領地域省の権限とも関わる問題であり、ハイドリヒは会議への参加を招請《しょうせい》した。

エーリヒ・ノイマンは、ゲーリングが長官を兼務する「四ヵ年計画庁」の次官で、同庁が管轄する戦時経済全般への影響という観点から、ユダヤ人労働者の処遇を考慮する立場で会議に参加していた。

ヴィルヘルム・シュトゥッカートは、警察を管轄する内務省の次官だったが、彼は一九三五年の「ニュルンベルク法」をはじめ、ドイツ国内におけるユダヤ人の権利を剝奪する諸法令の作成に関わった経歴を持つ、ユダヤ人弾圧の専門家だった。

外務次官補のマルティン・ルターも、外務省内でヒムラーおよび国家保安本部と協力してユダヤ人の弾圧を行なう役割を担っており、アイヒマンとも協力関係にあった。

そして、法務省次官のローラント・フライスラーは、ニュルンベルク法制定以降にドイツでユダヤ人の諸権利を剝奪してきた同省の代表者として、この会議に招請された。

ユダヤ人大量虐殺を円滑に進めるための「実務者会議」

一月二〇日の正午、主催者のハイドリヒによって会議の開始が宣言された。

彼はまず、国家元帥ゲーリングが自分に「ヨーロッパ・ユダヤ人問題の最終的解決のための準備」における全権を委任したことを宣言し、この会議がその目的に関連する原則的な諸問題について、権限等を明確にするために催されたと説明した。

この会議が開かれるまで、本国を含むドイツ支配圏では、ユダヤ人問題への対処において、親衛隊および国家保安本部と、内務省や東部占領地域省などの行政機構の間で、しばしば権限をめぐる摩擦や対立が生じていた。

とくにソ連領内のドイツ占領地域では、親衛隊が命令と実行を取り仕切る「行動部隊」が現地のユダヤ人を大量殺害する際、占領当局の行政官との事前調整なしに行なうことが多く、行政官はそうした暴力的な行動が占領地の秩序悪化を招く可能性を危惧《きぐ》した。

ベルリン近郊のヴァン湖畔に佇む会議に使われた邸宅（撮影・山崎雅弘）

また、ポーランドの総督府領においても、親衛隊の地区官庁と総督府のドイツ統治機関の間で、権限をめぐる衝突がしばしば発生していた。

このような権限の争いを解消し、ドイツの各政府機関が協調する形でユダヤ人問題での職務を遂行できる体制を整えることが、この会議の第一の目的だった。

ハイドリヒの上官である親衛隊全国指導者ヒムラーは、一九四一年一一月二四日に内務次官のシュトゥッカートと協議した際、ユダヤ人問題の管轄権は自分にあると伝えていた。ハイドリヒは、このヒムラーの意向を踏襲し、ユダヤ人問題の「最終的解決」の取り扱いについての管轄権は、地理的境界を問わず、集中的に親衛隊全国指導者（ヒムラー）と保安警察兼保安部長（ハイドリヒ）にあると明言した。

この確認に続いて、ハイドリヒは、ドイツ本国および旧オーストリア、ベーメン・メーレン保護領からすでに五三万七〇〇〇人のユダヤ人が国外（旧ポーランド領やソ連のドイツ占領地域）に「出国」したが、今後は総統（ヒトラー）の承認に基づいて、ユダヤ人の「東方への疎開」に着手すると説明し、その対象となる国ごとのユダヤ人の数について、アイヒマンが作成したリストを取り上げた。

このリストによれば、ユダヤ人問題の「最終的解決」としての「東方への疎開」の対象者は計一一〇〇万人とされた。その中には、ドイツがいまだ占領していないイギリス（三三万人）やアイルランド（四〇〇〇人）、中立国であるスイス（一万八〇〇〇人）とスペイン（六〇〇〇人）、ポルトガル（三〇〇〇人）、スウェーデン（八〇〇〇人）、トルコのヨーロッパ地域（五万五五〇〇人）が含まれていたが、これらを差し引いてもなお、一〇五七万人以上が、「最終的解決」の進行にあたって顧慮される計算だった。

現在までの歴史家の研究において、この会議で用いられた「最終的解決」がユダヤ人の絶滅を、「東方への疎開」が絶滅収容所への移送を指す隠語であったことがほぼ確認されている。説明を聞いた四ヵ年計画庁次官のノイマンが、戦争の遂行に必要な軍需工場に割り当てられているユダヤ人労働者について、代替の労働力を提供されなければ「東方への疎開」は実行不可能であると指摘した。

ハイドリヒは、そのような立場のユダヤ人については、彼が認可した当面の「疎開」の対象とはなっていないと答え、ノイマンは納得した。

アイヒマンが「ヴァンゼー会議」で果たした役割

事務方としてヴァンゼー会議に参加したアイヒマンは、各省庁の次官と同等の発言権は持たず、ハイドリヒが必要とした際に補足的な説明を行なうという役割に留まっていた。

彼は、ヴァンゼー会議の終了後には、タイピストの記録に基づいて討議の概要と決定事項を記した議事録を作成し、各参加者に送付した。

アイヒマンの作成した議事録によれば、ハイドリヒは、強制労働を課されたユダヤ人は苛酷な環境により「大部分が自然に消滅するであろうことは疑いない」が、それを生き延びた者は「疑いもなく最も抵抗力のある部分」であり、これを放置すれば「新たなるユダヤ人増成の萌芽《ほうが》となる」がゆえに「適切な処置がなされなければならない」と説明した。

ハイドリヒはまた、「最終的解決を実行する中で、ヨーロッパは西から東に向かって掃き清められる」と述べた上で、ベーメン・メーレン保護領を含む帝国（ドイツ）領域は優先して措置がとられ、六五歳以上やドイツ軍で叙勲のあったユダヤ人などは、テレージエンシュタットに予定されている「老人ゲットー」に送られると述べた。

シュトゥッカート内務次官は、内務省の権限に関わる問題として、キリスト教徒とユダヤ教徒の「混血児」や、非ユダヤ人とユダヤ人の「異人種間結婚」の配偶者をどの範囲まで「東方への疎開」の対象者とするかという問題を提起した。

ハイドリヒは、明確な答えを出すことができず、結論は持ち越しとされた。

だが、会議に参加した関係省庁の次官たちが全員、ユダヤ人の大量殺害を含む「最終的解決」の手法自体には異を唱えなかったことで、ハイドリヒの「第二の目的」、すなわちユダヤ人の大量殺害に政府機関を正式に巻き込むという目論見《もくろみ》は達成された。

ヴァンゼー会議までは、ユダヤ人の大量殺害は親衛隊が主体となって実行し、関係各省庁は必ずしもそれに協力的とは言えなかったが、この会議以降、ヒムラーとハイドリヒが進める「最終的解決＝ユダヤ人の大量殺害」とその手段としての「東方への疎開」は、これらの省庁を直接的に関与させる形で進められることになったのである。

また、フランクの代理として出席した総督府のビューラー次官は、とりわけ「最終的解決」に強い賛意を示し、「この問題の最終的解決が総督府領において開始されれば、総督府はそれを歓迎するであろう」「ユダヤ人は可及的速やかに総督府の領域から除去されなくてはならない」「その任務は総督府諸官庁の支援を受ける」と発言した。

小休憩を挟んで一時間半にわたる会議の締めくくりに、ハイドリヒは改めて、問題解決の任務遂行に際して各省庁からの支援提供を要請した。

以上の記述は、アイヒマンが作成した議事録の内容に基づいているが、彼が戦後に供述したところによれば、実際のヴァンゼー会議では、議事録の記載よりもはるかに過激な言葉が使われて、ユダヤ人の絶滅について意見交換がなされていたという。参加者は、会議の後半には酒と軽食を口にしながら、露骨な言葉でユダヤ人の殺害や絶滅に言及した。

議事録の内容については、最終版の確定までにハイドリヒが何度も書き換えを命じており、使われる言葉にも細心の注意が払われた。そして、会議の終了後には、ハイドリヒとミュラー、アイヒマンの三人が部屋に残り、コニャックで「祝杯」をあげた。

こうして、ヴァンゼー会議は、ソ連領内ですでに既成事実化されていたユダヤ人の無差別な大量殺害行為に、新たな道筋を開く出来事となった。

この会議は、親衛隊の「行動部隊」が場当たり的に行なってきたユダヤ人の大量虐殺を、ドイツが国策としてシステマティックに行なう「政策」へと格上げしたのである。

第三章

ホロコーストを「効率化」したアイヒマン

《旧ポーランド領各地に出現したユダヤ人の「絶滅収容所」》

二番目の絶滅収容所ベウジェッツで行なわれた、ガスによる大量殺害

ベルリン南西の湖畔で開かれたヴァンゼー会議で、ヨーロッパのユダヤ人を「絶滅」させる全体方針を、親衛隊と関係各省庁の代表者が確認していた頃、総督府領のベウジェッツでは、ヘウムノに次ぐ二番目の絶滅収容所の建設が進められていた。

この工事は、ヒムラーの命令を受けた総督府領の親衛隊・警察司令官グロボチュニク親衛隊少将によって一九四一年一一月一日から進められたが、建設作業に従事したのは、ルブリン地区の「労働収容所」から強制的に駆り出されたユダヤ人労働者だった。

一九四二年二月に計三個の毒ガス用密室と排気装置の取り付け工事が完了し、三月一七日に最初のユダヤ人殺害工程が実行された。

総督府領内の各地から鉄道貨車で移送されてきたユダヤ人は、親衛隊と警察官から「ここは次の目的地に向かうための通過収容所で、身体の消毒を行なう」と伝えられ、衣服を脱いで貴重品を預け、「シャワー室」へと通じる狭いトンネルを走らされて中に入った。扉が閉められると、シャワーノズルから水ではなく一酸化炭素ガスが吹き出し、内部にい

第二次世界大戦の冒頭、対ポーランド戦（1939年9月）に勝利したドイツとソ連は、ポーランドを分割併合したが、ドイツは中南部を「総督府領」として植民地化した。その後、ガス室によるユダヤ人絶滅が政策化されると、ドイツは旧ポーランド領内に計6ヵ所の絶滅収容所を作り、そこで大量虐殺を実行した。（地図制作・山崎雅弘）

るユダヤ人は苦悶の末に絶命した。

あらかじめ選別されたユダヤ人の「労務班員」が、部屋から死体を運び出し、対戦車壕に投げ込んだ。別の「労務班員」は、取り上げた貴重品を選別して親衛隊に提出し、そこで何が起きたかを次のグループのユダヤ人に悟られないよう、ガス室の内部を清掃した。待遇面での特別扱いと引き換えに、この苛酷な作業に従事させられたユダヤ人の「労務班員」も、間もなく別のユダヤ人との交替を命じられ、殺害対象の一団に加えられた。

アイヒマンは、ハイドリヒまたはミュラーの命令で、一九四二年三月に「グロボチュニクの所」を視察していた。国家保安本部第Ⅳ局B部第4課長という彼の職責の範囲を考えれば、ベウジェツのユダヤ人絶滅収容所についても、当然承知していたと考えられる。

ベウジェツの絶滅収容所は、一九四二年一二月までユダヤ人のガスによる殺害を行なったが、この九ヵ月間に殺されたユダヤ人の数は約六〇万人と見られている。七月からはガス室の数が一〇室に増加して、より大量のユダヤ人を殺害することが可能となった。

犠牲者の多くは、総督府領内のゲットーに押し込められていたユダヤ人だったが、膨大な数のユダヤ人大量輸送に必要な鉄道列車の運行を手配したのが、アイヒマンだった。

「ラインハルト作戦」とソビブルおよびトレブリンカ絶滅収容所

グロボチュニクが総督府領内で開始した、絶滅収容所の建設と運用には、「ラインハルト作戦」という秘匿名が付与されたが、彼はベウジェッツに続いて、さらに二つの絶滅収容所を、総督府領内に建設した。

ソビブルとトレブリンカである。

ルブリン北東の森に囲まれた村ソビブルでは、ベウジェッツ絶滅収容所が稼働を開始した一九四二年三月にユダヤ人の強制労働で絶滅収容所の建設が始まり、施設が完成した五月から、三つのガス室による大量殺害がスタートした。殺害のプロセスは、ベウジェッツの場合とほぼ同じで、シャワー室に偽装したガス室にユダヤ人を押し込めたあと、トラックや戦車の排気ガスを密閉した室内に流入させ、一酸化炭素中毒で命を奪った。

一九四二年一〇月には、古いガス室三つが取り壊されて新たに五室が作られ、一九四三年一〇月に閉鎖されるまでの期間に、約二五万人のユダヤ人がこの場所で殺害された。ユダヤ人の死体は「労務班員」によって巨大な穴に投棄され、そこで何が行なわれているのかは森の木々に隠されていた。

ベウジェッツとソビブルは、総督府領東部のルブリン地区だったが、四番目の絶滅収容所であるトレブリンカは、旧首都ワルシャワの北東約八〇キロのワルシャワ地区内に開設された。この収容所は、ソビブル絶滅収容所が稼働した一九四二年五月に建設が始まり、同年七月二三日にガス室の大量殺害作業を開始した。

トレブリンカには、まず旧ポーランド領で最大規模だったワルシャワのゲットーからユダヤ人が移送され、当時ワルシャワ・ゲットーに居住していたユダヤ男性の八七パーセントと女性の九三パーセントが、同年九月までにこの絶滅収容所で殺害されたといわれる。その後、ヨーロッパの他地域からもユダヤ人が鉄道で次々と送られ、同年一〇月にはガス室の数が三室から一三室へと拡張された。

一九四三年一〇月一九日に稼働を停止するまでの一六ヵ月間に、トレブリンカ絶滅収容所で殺害されたユダヤ人の数については、研究者の間で多少の幅があるが、約七〇万人から約九〇万人であったと考えられている。

グロボチュニクの主導で行なわれた、三つの絶滅収容所でのユダヤ人大量殺害により、総督府領内からユダヤ人の姿を消すというフランク総督の意向は、ほぼ実現した。それに加え、親衛隊は殺害したユダヤ人から貴金属や宝石などの資産を組織的に略奪していた。

これらの絶滅収容所における大量虐殺の「作業効率」も、アイヒマンが手配する鉄道の運行状況に左右されたが、全体として列車の運行は大きな遅滞なく行なわれていた。

捕虜収容所から転換されたマイダネクとアウシュヴィッツ絶滅収容所

ヘウムノとベウジェツ、ソビブル、トレブリンカの四つの絶滅収容所は、当初からユダヤ人の大量殺害を目的として建設されたが、これとは別に、当初は捕虜収容所などの形で建設され、のちに絶滅収容所へと転換した施設が二つ存在した。

総督府領のルブリン近郊に作られたマイダネク強制収容所と、一九三九年一〇月にドイツのオーバーシュレージェン（上部シレジア）に併合された旧ポーランド領南部のアウシュヴィッツ＝ビルケナウ強制収容所である。

マイダネク強制収容所は、ドイツ側の正式名称では「ルブリン強制収容所」と呼ばれたが、ルブリン・ゲットーのあるマイダン・タタルスキという地名に因《ちな》んで「小さなマイダン（マイダネク）」という通称が広く使われていた。

マイダネクの収容所も、一九四一年七月にヒムラーが下した命令でグロボチュニクによって建設が進められ、その形態は「強制収容所と捕虜収容所の複合施設」とされた。

戦前と戦争序盤にドイツが繰り返した周辺領土の併合により、ナチ党にとって危険分子と見なされる「政治囚」の数が増大したことから、ヒムラーは新たな強制収容所をドイツ国外に建設する必要性を感じていた。また、一九四一年六月の独ソ開戦で大勢のソ連兵捕虜が発生したため、その収容場所を早急に確保せねばならなかった。

こうした理由から、強制収容所と捕虜収容所の複合施設としてマイダネク収容所の建設が開始され、一九四一年一〇月一日に最初の区画が運用され始めた。

当初の設計では、施設内にガス室は含まれておらず、少なくとも二万五〇〇〇人の捕虜を収容する能力が求められていた。その後、ドイツ軍が対ソ戦の初期段階で連勝し、ソ連兵の捕虜が激増すると、マイダネクの規模も拡張され、一二月には一五万人、一九四二年三月には二五万人のソ連軍捕虜を収容できる規模へと拡大した。

一九四二年三月以降、「ラインハルト作戦」でユダヤ人の大量殺害が開始されるのと並行して、マイダネクの収容所にもヨーロッパ各地からユダヤ人が移送されるようになり、グロボチュニクの命令で、施設を絶滅収容所へと切り替える工事が進められた。同年九月から一〇月に、六つのガス室が完成し、一〇月中旬からガスによる大量殺害が開始された。

マイダネク絶滅収容所でのユダヤ人殺害には、排気ガスの一酸化炭素と青酸ガス「チクロンB」(後述)の両方が用いられ、さらに絞首刑や、機関銃による銃殺も行なわれた。

一九四四年七月二二日に、東からのソ連軍部隊の接近によりドイツ軍と親衛隊が施設を放棄して撤退するまでの期間に、マイダネク絶滅収容所で死亡したユダヤ人と捕虜および「政治囚」の総数は、かつては数十万人とされていたが、その後の研究により、現在ではユダヤ人約六万人を含め約八万人と見られている。

《アウシュヴィッツ=ビルケナウ強制収容所》

なぜアウシュヴィッツという場所が選ばれたか

アウシュヴィッツの名は、ヒトラーとナチ党政権下のドイツが第二次大戦中に行なったユダヤ人大量虐殺「ホロコースト(元々は古代ユダヤ教の儀式における生け贄《いにえ》を指すギリシャ語《ホロカウストス》)」の代名詞とも言えるが、アウシュヴィッツ=ビルケナウの場合、強制収容所から絶滅収容所へと転換される経緯は、マイダネクよりも複雑だった。

アウシュヴィッツとは、ドイツ側の呼称で、ポーランド語での名前は、オシフィエンチムだった。この場所は、中世の時代から交易の街として栄え、一四世紀にはオシフィエンチム公国の都となったが、一六世紀にポーランド王国へと統合された。一七七二年の第一次ポーランド分割でオーストリア領となったあと、一九世紀にはオーストリア＝ハンガリー帝国領北部における鉄道の結節点という重要な地位を占めていた。

第一次大戦後にポーランドが独立を回復すると、オシフィエンチムは南部のクラクフ県を構成する一部となったが、一九三九年九月にドイツ軍がポーランド西部を占領したあと、オシフィエンチムの一帯はクラクフを含む総督府領ではなく、隣接するドイツのオーバーシュレージェンに併合されてドイツ領となっていた。

ドイツに併合される前、この地にはオーストリア＝ハンガリー帝国の時代から継承された、ポーランド軍砲兵隊の兵舎が存在していた。一九四〇年四月二七日、ヒムラーの命令でこの兵舎を強制収容所に転用することが決まり、五月二〇日に看守の従属者（カポ）としてドイツ人の囚人が移送された。所長には、ドイツ北東部のザクセンハウゼン強制収容所で副所長を務めていたルドルフ・ヘース親衛隊中尉が任命された。

アウシュヴィッツ収容所（後に拡張されるビルケナウと区別するため、以後「第一」と表記）は、市の中心部から南西に二キロほど離れた場所にある上、鉄道の利便性がよく、周囲には畑や平原が広がり、施設の拡張性という面でも好条件と判断された。

アウシュヴィッツ第一収容所の門にかかる標語「Arbeit macht frei（働けば自由になれる）」（撮影・山崎雅弘）

六月一四日には、ユダヤ人を含む七二八人のポーランド人政治囚が最初の被収容者として到着したが、この時点ではまだ、被収容者の組織的な大量殺害は想定されておらず、あくまで暫定的に閉じ込めておく集中収容所という位置づけだった。

ただし、ゲシュタポがとくに危険と見なした被収容者に対しては、即決裁判で死刑が宣告され、一九四〇年一一月から一九四五年一月の施設放棄までの約四年二ヵ月の間に、三〇〇〇人から一万人（研究者によって犠牲者数に幅がある）の被収容者が、アウシュヴィッツ第一収容所内で銃殺された。また、被収容者は、看守の命令に従うドイツ人囚人のカポによって厳しく

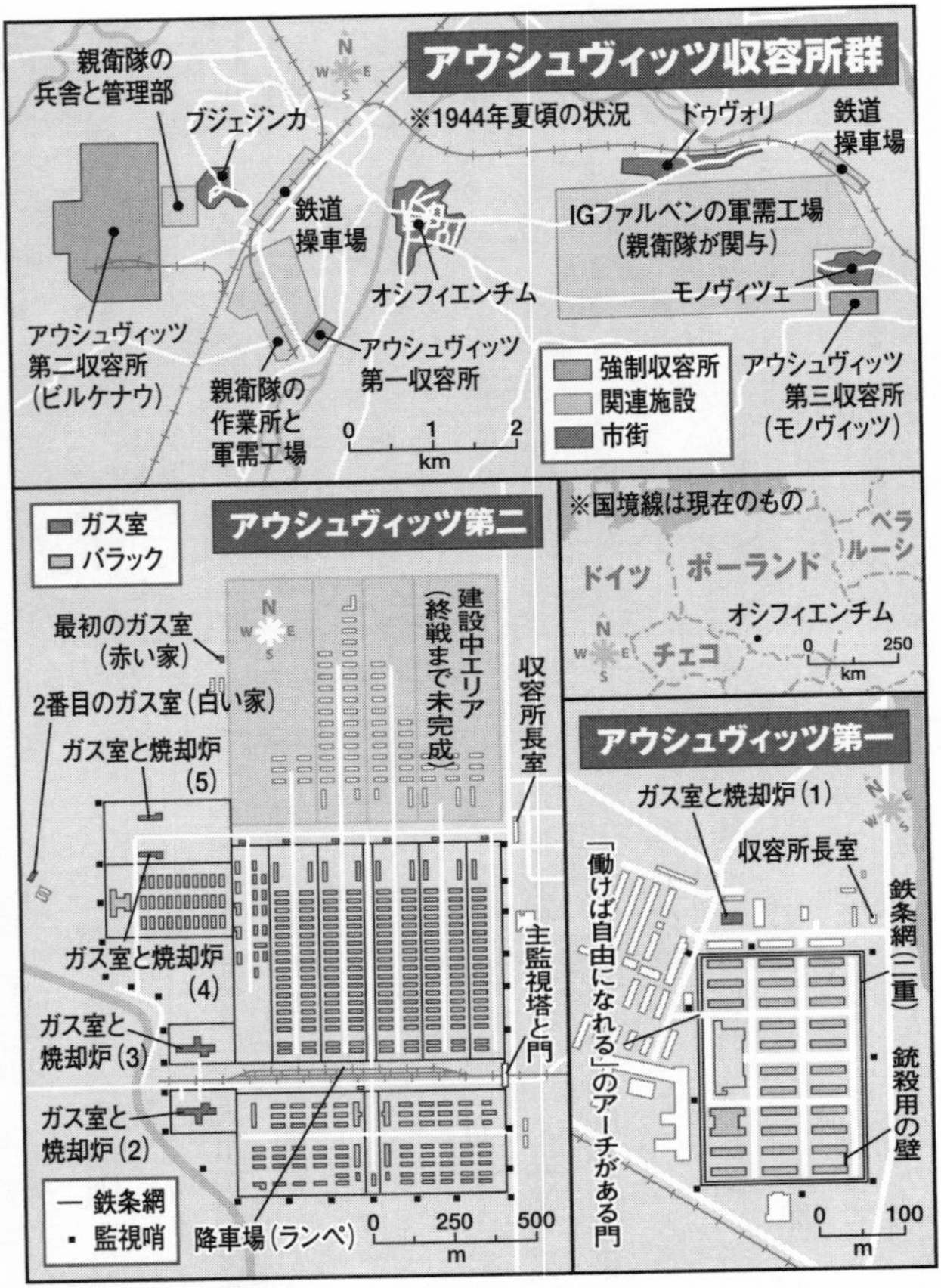

アウシュヴィッツ（オシフィエンチム）は、現在のポーランド南部、クラクフ市の西に位置する。絶滅収容所は、第一と第二（ビルケナウ）の2ヵ所で構成され、ガス室と焼却炉を組み合わせた虐殺設備「クレマトリウム」は戦争末期に親衛隊の命令ですべて破壊されたが、第一の場所に戦後復元されている。（地図制作・山崎雅弘）

管理され、しばしばカポによる暴力に晒《さら》されていた。

一九四一年三月一日、アウシュヴィッツ第一収容所を視察したヒムラーは、三ヵ月後の独ソ開戦で大量のソ連兵捕虜が発生すると予想し、同地の周辺で収容所の規模を拡張するよう、所長のヘースに命じた。

チクロンBを用いたガス室での大量殺害

アウシュヴィッツ収容所の拡張としてヘースが指示されたのは、次の三つだった。

まず現状の第一収容所に建物を増築し、三万人を収容可能な規模にすること。

次に、その北西のビルケナウ（ポーランド語ではブジェジンカ）に一〇万人を収容可能な戦時捕虜収容所（アウシュヴィッツ第二収容所）を新たに建設すること。

そして、ナチ党と関係の深いドイツの化学コンツェルン（企業合同体）「IGファルベン」社が近隣のモノヴィッツ（モノヴィツェ）に建設予定の、大規模な合成ゴム工場で強制労働に従事させる作業員一万人を収容できる労働者の収容所（第三）を作ること。

この命令に従い、第一収容所の敷地には六つの建物の新設と、平屋の建物に二階と屋根裏を増築する工事が行なわれたが、三万人収容という目標は一度も達成できず、ピーク時でも収容能力は二万人を少し超える程度だった。

そして、一九四一年六月にドイツ軍のソ連侵攻が開始されると、ヒムラーが予想した通り大量のソ連兵捕虜が発生し、アウシュヴィッツ第一収容所にも次々と送られてきた。

しかし、ソ連軍の頑強な抵抗により、当初の予定では数ヵ月で終わるはずだった対ソ戦が泥沼化すると、アウシュヴィッツ第一収容所では、絶え間なく移送されてくるソ連兵捕虜が建物から溢れ始めた。所長のヘースは、この事態に対処するため、すでに存在する被収容者の人数を手っ取り早く減らす作業を開始した。

のちに同地で際限なくエスカレートしていく、大量虐殺のスタートである。

まず最初に行なわれたのは、被収容者の心臓にフェノールを注射する「安楽死」だった。一九四一年八月から一二月の間に、確認されただけで二四六七人が、この方法で虐殺された。続いて、同年九月三日には、第一収容所の第一一号棟地下にある懲罰拘禁室で、ソ連兵捕虜二五〇人に対し、毒ガスのチクロンBによる大量殺害のテストが行なわれた。

チクロンBとは、本来はシラミなどの害虫駆除に使用する殺虫剤で、シアン化水素を染み込ませた顆粒状の物質として缶入りで管理され、空気に触れると致死性の有毒ガスが発生した。製造していたのは、IGファルベンの子会社「ドイツ害虫駆除社（デゲシュ）」

で、アウシュヴィッツには最終的に約二四トンのチクロンBが納入された。

九月三日から五日までの三日間に、アウシュヴィッツ第一収容所の第一一号棟地下室でチクロンBを用いて殺害されたソ連兵捕虜とポーランド人の数は、八五〇人に達した。

だが、この作業はすぐに中止を余儀なくされた。

使用された地下室は換気しづらく、使われた毒ガスを安全な空気と入れ替えるのに時間がかかる上、狭い通路や階段で大量の死体を運び出すのに手間を要したからである。

アウシュヴィッツ第二(ビルケナウ)強制収容所の出現

一九四一年一〇月四日、ヒムラーの「第二の指示」に基づき、ビルケナウのポーランド人住民を強制退去させた場所に、アウシュヴィッツ第二収容所の建設が開始された。

翌一九四二年二月までの五ヵ月間に、約一万人のソ連兵捕虜が、同収容所の建築現場で重労働を強制されたが、凍傷や栄養失調などで、その九割が命を落とした。

ビルケナウの第二収容所に作られた木造バラックは、レンガ造りの建物からなる第一収容所とは異なり、馬小屋のような木造建物に木製の三段ベッドをびっしりと並べた粗末なつくりだった。屋内には小さな暖房装置があったが、燃料は供給されず、冬場は気温マイナス二〇度から三〇度の酷寒で体調を崩したり、死亡する被収容者も少なくなかった。

この建設工事が行なわれていた一九四二年一月二〇日のヴァンゼー会議において、ドイツの各省庁がヨーロッパのユダヤ人を「絶滅」させる政策で連携する方針が定められると、アウシュヴィッツ第一と第二の両収容所は、ヨーロッパ各地から鉄道で移送されてくるユダヤ人を速やかに抹殺することを目的とする絶滅収容所へと変わった。

一九四二年二月、アウシュヴィッツ第一収容所に隣接する焼却炉の死体置き場が、同地で最初のガス室に改造され、チクロンBによる大量殺害が可能であることが確認された。この場所では、一度に七〇〇人ほどをチクロンBで殺害することができ、一日に三四〇体の死体を焼却できる三つの焼却炉が隣接していた。

建設工事が進むアウシュヴィッツ第二（ビルケナウ）収容所でも、一九四二年の春から夏にかけて収容施設の木造バラックが次々と増築され、敷地の北西では、同年三月二〇日に一棟（赤い家）、六月三〇日にもう一棟（白い家）の二つのガス室が稼働を開始した。この二棟のガス室は、農家の建物を改造して窓を塞ぎ、完全に密閉できる重い扉を取り付けたもので、表向きは第一と第二の「掩蔽施設《えんぺい》（ブンカー）」と呼ばれた。

ヘース所長の戦後の供述によれば、一度にガス室で殺害できた人数は、「赤い家」が約八〇〇人、「白い家」は約一二〇〇人だった。ここで殺害された死体は、すべて近隣の穴に捨てられていたが、不衛生な死体投棄は疫病の原因となり、施設内では発疹《ほっしん》チフスが大流行し、一九四二年四月から七月の間に、一万二九八六人の被収容者が死亡した。

一九四二年七月一七日と一八日の二日間、ヒムラーは再びアウシュヴィッツを視察し、オランダから到着したユダヤ人たちが「自分の足で貨車から降りるところ」から「死体となってガス室から運び出される」までのすべての工程に立ち会った。近隣の工場での強制労働に耐えられそうな成人以外は、貨車から降ろされた段階で選別され、携行していた財産をすべて没収されたあと、ガス室で殺害される集団に加えられた。

そして彼は、収容所長のヘースに、進行中の収容バラックの増設と、死体焼却炉（クレマトリウム）建設の加速化を命じた。

死体焼却炉の建設契約は、ヒムラーが視察する四日前の、七月一三日に結ばれたばかりで、建設は八月一〇日に開始されることとなった。そして、視察後四週間ほどのうちに、ビルケナウの死体焼却炉建設計画が見直され、一棟から四棟に増やすことが決定した。

《死体を生産する工場のようにフル稼働した絶滅収容所》

増え続ける「ユダヤ人の死体」をどのように「処理」するか

戦後の裁判（第四章で後述）でアイヒマン自身は否認したが、アウシュヴィッツ絶滅収容所のヘース所長は、戦後に記した手記や供述で、ユダヤ人をどう殺害するかという方策について、アイヒマンと何度か直接会って意見交換したと証言していた。

アイヒマンは、ユダヤ人大量殺害の現場で直接手を下す立場にはなかったものの、ヴァンゼー会議への出席と議事録の作成、国家保安本部第Ⅳ局B部第4課長としての各種業務を通じて、すでにナチ党政権下の国策が「移住」ではなく、「大量殺害による絶滅」に転換された事実を完全に理解していたことは疑いようがない。

その上で彼は、子どもや老人を含む大勢のユダヤ人を、事実上の「片道切符」で絶滅収容所へと移送する鉄道列車の運行が「円滑に、滞りなく」なされるよう、運輸省に対する列車の手配を日々淡々と行ない続けた。また、どのような形で殺害を行なえば、より効率的に作業を進められるかについても、現場にアドバイスしていた形跡がある。

つまりアイヒマンは、ユダヤ人大量虐殺（ホロコースト）の「効率的稼働」を、いわば流通管理（ロジスティクス）の面から支え続けたキーマンだったのである。

アイヒマンがユダヤ人を列車で送り込み続けた各地の絶滅収容所では、倫理的判断が事実上停止した「大量虐殺工場」のような様相を呈していたが、現場で作業に当たる者たちが直面したのは、際限なく増え続ける死体をどう処理するかという問題だった。

蔓延する発疹チフスへの対処の必要もあって、一九四二年七〜八月、ビルケナウでは死体の処理が「穴への投棄」から「焼却」に切り替えられたが、焼却炉はまだ着工もされておらず、当面は野原に薪《まき》を積んで死体を並べ、油をかけて焼く方法がとられた。すでに投棄されていた一〇万体以上の腐乱した死体も掘り返され、一緒に燃やされた。

一九四三年三月三一日から六月二六日にかけて、ヒムラーの指示でアウシュヴィッツに増設された四つの死体焼却炉が、次々と稼働を開始した。

理論的には、アウシュヴィッツ第一収容所の設備を合わせた五つの焼却炉で、一日に四八〇〇近い死体を焼却できることになっていたが、実際にはそれを上回る数の死体が焼却される日がある一方、酷使の負荷に起因する故障で一部の炉が停止する日もあった。

また、アウシュヴィッツ絶滅収容所では、人間としての尊厳を奪われた被収容者を「格好の実験材料」と見なす医師によって、さまざまな人体実験が行なわれた。抗チフス投薬実験（フェッター博士）、断種・不妊化実験（クラウベルク博士）、双子と小人の実験（ヨーゼフ・メンゲレ博士）などがそれで、最後の双子研究には「ドイツ女性が妊娠するたびに双子を出産すれば出生率が向上する」という、国策に奉仕する意図も込められていた。

これらの実験に用いられた数千人の被収容者は、担当医師が必要とする各種のデータを採取したのち、用済みの医療廃棄物のような扱いで殺害されたが、実験の途中ですさまじい苦痛を味わいながら絶命するケースも少なくなかった。

ハイドリヒの暗殺とアイヒマンのパリへの「出張」

一九四二年五月二七日、国家保安本部長官でユダヤ人大量殺害の実質的指揮官だったラインハルト・ハイドリヒが、ベーメン・メーレン保護領（旧チェコ）の首都プラハ郊外の路上で、暴漢に襲撃されて重傷を負った。

彼はプラハ市内の病院に搬送されたが、敗血症を起こして容体が悪化し、八日後の六月四日に死亡した。犯人は、イギリス情報機関の支援を受けた元チェコスロヴァキア軍の軍人三人で、ベーメン・メーレン保護領の総督代理でもあるハイドリヒを暗殺すれば、ドイツの旧チェコ統治に混乱を引き起こせるとの目論見などが動機とされた。

だが、ハイドリヒもまた、ナチ党政権下のドイツでは「中間の指揮官」でしかなく、彼が死亡したあとも、絶滅収容所でのユダヤ人大量殺害は継続された。アイヒマンは、国家保安本部第Ⅳ局長ミュラーと親衛隊トップのヒムラーから命令や承認を受け、ヨーロッパ各地から旧ポーランドの絶滅収容所へのユダヤ人移送という任務を続けた。

ハイドリヒの死から間もない一九四二年六月末、アイヒマンは上官のミュラーと共に、フランスのパリへと「出張」した。その主な目的は、フランスにおけるユダヤ人の拘束状況と、絶滅収容所への移送プロセスを現地で確認することだった。

フランスでは、ドイツ軍の電撃的侵攻を受けて一九四〇年六月に敗北したあと、ドイツの軍政統治下にある北西部と、南東部の親ドイツ的中立国ヴィシー政府に分割されていた。だが、フランスでは前記の「ドレフュス事件」に象徴される反ユダヤの思想が二〇世紀に入ったあとも根強くはびこっており、同年一〇月三日以降、ヴィシー政府はユダヤ人の権利や自由を剥奪する法令を次々と制定していた。

一九四二年に入ると、アイヒマンの部下であるテオドール・ダーネッカー親衛隊大尉がパリに派遣され、ドイツ軍が統治するフランス占領地域の収容所（ドランシーなど）にいるユダヤ人を絶滅収容所へと大規模に移送する計画が検討された。

三月二七日、フランスの収容所に隔離されていたユダヤ人を乗せた最初の列車が、アウシュヴィッツに向けて出発した。六月下旬には三本の輸送列車が、それぞれ約一〇〇〇人のユダヤ人を乗せてアウシュヴィッツへと運行した。

これらの列車が東へと向かっていた頃、アイヒマンとミュラーはパリに赴《おもむ》き、現状を視察したのち、七月はじめに次のような覚書を作成した。

「フランスからのユダヤ人大規模移送に関する合意。占領地域からのユダヤ人移送に関して、保安警察部隊司令部のユダヤ人問題担当者は、近い将来、占領地域から三万人のユダヤ人が移送されることで合意した。〔中略〕

ユダヤ人問題に関する〔ヴィシー〕フランス政府ならびに行政当局のこれまでの先送りないしは非協力的態度に対しては、妥協のない処置が必要。最終的目標：のちに残りのユダヤ人はすべてパリに集め、そこから移送する。〔中略〕

毎週各一〇〇〇人を乗せた列車を運行するという、これまでのペースは、近い将来にフランスからユダヤ人を一掃するという最終目的に鑑みて、時間の関係から大幅に加速されなければならない点でも一致をみた」

フランスのユダヤ人を乗せた列車をアウシュヴィッツへ

アイヒマンとダーネッカーは、パリで協議の上、フランスから列車で移送されるユダヤ人がドイツ領内に入るのと同時に、国籍を剝奪して「無国籍者」と見なし、財産をすべて没収するという方針を確認した。

フランス国内のユダヤ人を拘束する作業には、ドイツに協力的なフランスの警官や、反ユダヤ主義の思想を持つ右翼活動家の自警団などが協力した。ドイツ占領地域のフランス人警官は、形式上はヴィシー政府に属したが、ドイツ軍政当局の下《もと》で働いていた。

また、アイヒマンとその部下は、フランスでもユダヤ人の迫害に現地の「ユダヤ人評議会」を利用していたが、七月一五日に予定していたユダヤ人輸送列車の運行が見送りにされると知ったアイヒマンは、前日の七月一四日にパリのユダヤ人評議会員に電話して、その理由を問い詰めた。

評議会員のユダヤ人は、「フランス政府との新たな協約により、当面は無国籍のユダヤ人だけが逮捕の対象とされたため、現時点で逮捕されたユダヤ人は一五〇人ほどで、列車の運行までに定数の一〇〇〇人に達する見込みが立たないため」だと説明した。

するとアイヒマンは、「これは信用に関わる問題だ。列車の運行には運輸省との長時間にわたる折衝《せっしょう》が必要なのに、パリから出発する列車が運休するとは何ごとか。こんなことは前代未聞であり、恥さらしだ！」と激怒した。彼にとっては、予定していた列車が予定通りの人数のユダヤ人を乗せてアウシュヴィッツに向けて出発することが優先課題であり、運ばれるユダヤ人の運命には何の関心も示していなかった。

七月一六日から一七日にかけて、パリとその郊外で、無国籍者を含むユダヤ人に対するフランス警察の一斉検挙が実施された。捕らえられたユダヤ人は、パリ市内にある競技場「ヴェロドローム・ディヴェール」に押し込められたが、二日間の検挙で拘束されたユダヤ人の数は、四一一五人の子どもを含む一万三一五二人だった。

ドイツ側の要請で行なわれたこの一斉検挙により、アイヒマンはアウシュヴィッツに列車で供給するのに十分な数のユダヤ人を手に入れた。

七月二〇日には、ベルリンに戻ったアイヒマンは部下のノヴァック親衛隊中尉と「子どもの移送問題」について協議し、その内容をパリのダーネッカーに電話で伝えた。「総督府領への子どもの移送はただちに可能。八月末から九月初頭にかけて約六本の移送列車が総督府領に向けて出発できるので、それには労働不能者や老人を含めて、あらゆる種類のユダヤ人を乗せることが可能である。当面は輸送列車を一〇本しか手配できないため、さらなるユダヤ人の逮捕はフランス政府と協議中である」

《ハンガリーでユダヤ人迫害の陣頭指揮をとったアイヒマン》

ヨーロッパ各地で始まったユダヤ人の絶滅収容所への移送

一九四三年に入ると、アイヒマンの「ユダヤ人大量移送の手配師」としての職務はさらに拡大し、ヨーロッパ各地の親衛隊組織に命令や承認を与えて、移送を急がせた。

同年四月、アイヒマンの国家保安本部第Ⅳ局B部第４課は、オランダからのユダヤ人移送に関する会議を行なったあと、五月中に約八〇〇〇人のユダヤ人を、計六本の列車で「東部地域」へと輸送した。彼らの多くは、直接あるいは中間収容所を経由して、最後にはアウシュヴィッツなどの絶滅収容所へと送られた。

オランダは、一九四〇年五月にドイツの軍政統治下に入ったあと、同年一〇月からユダヤ人に対する差別的な行政命令が次々と出された。ドイツ占領当局がユダヤ人の登録を義務づけた一九四一年一月時点で、オランダには約一四万人のユダヤ人が居住し、その半数以上の約八万人は、歴史的にユダヤ人商人が多いアムステルダムに住んでいた。

一九四二年一月一四日、アムステルダムのユダヤ人が列車で東部へ移送されたが、ヴァンゼー会議から六日前の時点ではまだ絶滅収容所の稼働が本格化しておらず、旧ポーランド領の強制収容所かゲットーに送り込まれた。同年四月二九日、ドイツ占領当局はオランダのユダヤ人に、黄色いダビデの星を衣服につけるよう命令した。

この黄色いダビデの星は、同年五月二七日にはフランスとベルギーでも、ユダヤ人に着用が義務づけられた。

アイヒマンが設立と運用に深く関わったテレージエンシュタットも、最初は旧ドイツ領の「特別なユダヤ人」が安住できる場所とされたが、当初想定したほどのユダヤ人の収容能力を期待できないと判明すると、最終的な移送先である旧ポーランド領内の絶滅収容所へと向かう前の時間調整のような形で一時滞留する「中継収容所」となった。

一九四二年一〇月二八日には、テレージエンシュタットからアウシュヴィッツへの最初のユダヤ人移送が行なわれたが、これもアイヒマンの承認なしにはできない行動だった。

同年一一月二五日には、ノルウェーからアウシュヴィッツへのユダヤ人の移送が始まり、一二月一〇日にはドイツ本国からも、ユダヤ人を乗せた列車がアウシュヴィッツへと向かった。ルーマニアのユダヤ人も、同年九月一〇日から総督府領のルブリン地区に送ら

テレージエンシュタットの東端にある「小要塞」。この場所はゲシュタポの刑務所として使われた（撮影・山崎雅弘）

れ、強制労働に従事できないと判断された者は、絶滅収容所へと移送された。

アイヒマンはまた、ドイツ国内の研究所からの依頼に基づき、「特定の人類学的調査」に用いる研究材料として、健康なユダヤ人を選別して「配送」する指示も下していた。

ヒムラーの意向で設立された、人種的特徴などの研究機関「アーネンエルベ」から「劣等人種（当時のナチ党の価値観でユダヤ人を指す）の研究に必要な一五〇体分のユダヤ人の人骨、とりわけ頭蓋骨の調達」を依頼されたアイヒマンは、一九四三年六月までに「依頼された人骨収集を可能にするための行動」をとったと見られている。

ユダヤ人が行動の自由を認められていたハンガリー

ヨーロッパ各国で、親衛隊の言う「非ユダヤ化」が進行する中で、依然として大勢のユダヤ人が政府の保護下で暮らしている国が存在した。

ドイツとイタリアを中心とする「枢軸陣営」の一国、ハンガリーである。

ハンガリーは、ドイツが軍事侵攻で征服した国ではなく、戦前からドイツと同盟関係を結んでおり、親衛隊といえども手荒な真似はできない政治状況下に置かれていた。

第一次大戦でドイツ帝国と同盟関係にあったオーストリア＝ハンガリー帝国は、敗戦後にオーストリアとハンガリー、チェコスロヴァキア、ユーゴスラヴィア北部、ポーランド南部などに領土が分割され、ハンガリーでは一九二〇年三月一日から海軍中将ホルティ・ミクローシュが、「摂政」という地位で政治の実権を握っていた。

敗戦直後のハンガリーは、ハプスブルク王朝の支配から脱却して共和国となったが、国内には軍部を中心に、立憲君主制の王国という体制を望む声が根強かった。だが、戦勝国によって王室の再興を禁じられると、ハンガリーの議会は国王不在のまま「ハンガリー王国」の成立を宣言し、王の代理である「摂政」が政府トップの役職となった。

国民的な人気も高いホルティは、ドイツやイタリアで勃興《ぼっこう》したファシズムとは距離を置く態度をとったが、一九三八年一一月二日にドイツ主導のチェコスロヴァキア分割（第一次ウィーン裁定）でスロヴァキア南部がハンガリーに割譲（旧領土回復）されると、ホルティはこれ以降「欧州随一の強国となったドイツと同盟関係を結んで失地の回復を実現する」という方策を積極的に推進するようになった。

一九四〇年一一月二〇日に日独伊三国同盟に参加したあと、ハンガリーは完全なドイツの同盟国となり、一九四一年六月に独ソ戦が勃発すると、ハンガリーはドイツ側に立って参戦した。派兵の規模は、一九四二年夏の最盛期には約二〇万人へと拡大したが、一九四三年一月に始まったソ連軍の大反攻で、ハンガリー軍のロシア派遣部隊は壊滅した。

一九三八年以降、ハンガリーでもユダヤ人と非ユダヤ人を差別する法令がいくつか制定されたが、ホルティはヒトラーとナチ党が掲げる極端な反ユダヤ主義にはむしろ嫌悪感を抱いており、国内のユダヤ人をゲットーに押し込めるような政策も採用しなかった。

そのため、ハンガリーではヨーロッパで例外的に、ユダヤ人が行動の自由を認められており、一九四二年一〇月にドイツ政府から「国内の文化と経済からのユダヤ人排斥と、ユダヤ人に対する黄色いダビデの星着用の義務化、ユダヤ人の東方移送の開始」を要求されても、ハンガリー政府はこれを拒絶した。

旧ポーランド領内の絶滅収容所で、ユダヤ人の大量殺害のプロセスが「フル稼働」していた間も、ハンガリーのユダヤ人は生命の危険を感じることなく生活を送っており、その状態は一九四四年の三月になっても変わらなかった。

こうしたホルティのユダヤ人に寛容な態度は、アイヒマンら親衛隊にとっては目障りな障害でしかなかった。そして、一九四四年、ハンガリーの首相カーロイ・ミクローシュが連合国との間で秘密裏に休戦交渉を行なっている事実を摑んだヒトラーは、和平を潰すためにハンガリーの政変を画策し、アイヒマンもヒムラーからハンガリー行きを命じられた。

ブダペストでもユダヤ人大量移送を実行したアイヒマン

一九四四年三月一九日、摂政ホルティがドイツ南東部のベルヒテスガーデンにあるヒトラーの山荘に招かれて不在となっている隙を突いて、ドイツ軍部隊がハンガリー国内に進駐し、カーロイ政権を倒して親ドイツ派のストーヤイ・デメを新首相に据えた。

ホルティは、この展開を知って激怒したが、ストーヤイ新首相はドイツ側の意向を汲《く》んで、ハンガリーでも本格的なユダヤ人の迫害をスタートさせた。四月五日には国内のユダヤ人に黄色いダビデの星着用を義務づけ、四月一六日には国内に在住するすべてのユダヤ人に居住者登録を命令して、財産の没収も強行した。

三月一九日に三八歳の誕生日を迎えていたアイヒマンも、同日中にハンガリーの首都ブダペストに入り、同国内にいる約八二万人のユダヤ人を絶滅収容所へ送るという職務を開始した。彼はここでも、現地のユダヤ人評議会を利用して協力させ、四月二八日（または二九日）にはハンガリーのユダヤ人約一八〇〇人を乗せた最初の列車が、同国からアウシュヴィッツに向けて出発した。

また、ブダペスト市内にもユダヤ人を隔離収容するゲットーが設置され、ハンガリーのユダヤ人はそれまで認められていた行動の自由を取り上げられることとなった。

ホルティは、ユダヤ人が強制労働に従事させられることは容認したが、彼らが大量殺害のために絶滅収容所へ送られている事実を知ると、六月二六日にこれを禁止する命令を下し、アイヒマンに協力した内務省の幹部を休職処分とした。

ハンガリー警察の記録によれば、五月一五日から七月八日までの五五日間に、四三万人以上のユダヤ人が、アイヒマンの手配した一四七本の列車で移送された。そして、その八割がアウシュヴィッツ絶滅収容所に到着後、ガス室で殺害された。

七月七日、ハンガリー政府はホルティの命令に従い、国内ユダヤ人のアウシュヴィッツへの移送を一時停止すると決定した。

二日後の七月九日、中立国スウェーデンの外交官という肩書を持つラオル・ヴァレンベリ（英語名ラウル・ワレンバーグ）が、現地のユダヤ人救援という任務を帯びて、ブダペストに到着した。

彼は、スウェーデン政府による身分保障に加えて、アメリカ政府からも資金面で大きな支援を受けていた。ユダヤ人の救援という任務の依頼者は、アメリカ政府だったからである。まだ三一歳の彼は、かつてビジネスでブダペストを訪れた経験があったことから、ユダヤ人の救援役として白羽の矢が立てられた。

強制収容所や絶滅収容所から幸運にも脱出した被収容者の証言により、ドイツの親衛隊がヨーロッパで行なっているユダヤ人の迫害と虐殺の実情が断片的ながら国際社会に知れ渡ると、アメリカ国内のユダヤ人社会はローズヴェルト大統領に事態への対応を迫り、ローズヴェルトは一九四四年一月二二日に「戦争難民局（ＷＲＢ）」という組織を設立した。

そして、アメリカの交戦国であるハンガリーで大勢のユダヤ人が迫害を受けている事実が判明すると、アメリカ政府はブダペストで自由に行動できる中立国スウェーデンに現地での救援という役割を依頼し、ヴァレンベリを全面的にサポートする立場をとったのである。

《戦争末期のユダヤ人迫害とアイヒマンの逃亡》

スウェーデン人ラオル・ヴァレンベリによるユダヤ人救援作戦

ブダペストに入ったヴァレンベリは、二つの方法でユダヤ人を救おうとした。一つは、スウェーデン政府の紋章が入った保護証書「シュッツ・パス」の大量発行で、もう一つは市内の大きな建物をスウェーデン政府が購入して「セーフハウス（安全な家）」とし、迫害から逃れたユダヤ人をそこに匿《かくま》うという方策である。

ヴァレンベリが勝手にデザインしたシュッツ・パスは、正式な国際法上の効力を有していなかったが、彼は親衛隊のドイツ人やハンガリーのファシスト組織・矢十字党（ニラシュ・パールト）のハンガリー人が権威に弱いことを承知しており、所有者がスウェーデン政府の保護下にあるかのように見せかけるシュッツ・パスは、実際にユダヤ人の命を救う上で絶大な効果を発揮した。

ヴァレンベリは最初、ハンガリー政府から一五〇〇冊のシュッツ・パスを発行する許可を得たが、当局者を買収するなどして追加の承認を出させ、最終的には簡易版も含めて一万冊を超えるシュッツ・パスがユダヤ人に配布されたと見られる。そして、彼は大勢のユダヤ人が強制移送の危機に直面する場所に乗り込むと、シュッツ・パスの所有者を強引に連れ戻して、スウェーデン国旗が掲げられた市内のセーフハウスへと招き入れた。

シュッツ・パスによるユダヤ人の救援が効果を挙げていることが確認されると、ブダペスト市内のスイスやスペイン、ポルトガルなどの中立国の大使館や国際赤十字なども、同様の保護証書を発行してユダヤ人に配布し、彼らの命を助けた。

また、ヴァレンベリはハンガリー当局の了承下で、ブダペスト市内のユダヤ人ゲットーに、アメリカの資金で購入した食糧などを搬入して生活を支えた。

ハンガリーからのユダヤ人の一掃という課題を進めるアイヒマンにとって、ヴァレンベリは目障りな存在だったが、中立国スウェーデンの外交官という地位を彼が持つ以上、簡単には手出しできない状況だった。

七月一九日、アイヒマンはホルティの命令に反して、一四五〇人のユダヤ人を、ハンガリーから鉄道でアウシュヴィッツに移送させた。これを知ったホルティは、ドイツ政府にアイヒマンとその部下をすぐに帰国させるよう要請し、ヒムラーもこれを承諾して、九月二八日にアイヒマンの「行動部隊」はいったん解散された。

だが、ハンガリーでのアイヒマンの活動は、まだ終わらなかった。

九月一二日に、隣国ルーマニアの政府代表団がモスクワで連合国と休戦協定に署名した事実を知ったホルティは、もはやドイツと枢軸陣営の敗北は不可避となったと悟り、九月下旬に政府代表団を密かにモスクワへ送り、ソ連のモロトフ外相らと会談させた。そして一〇月一一日には、ハンガリーと連合国の休戦協定に仮調印させた。

この動きはすぐに、ドイツの諜報機関に察知され、ヒトラーはホルティが休戦を軍に命令する前に、再び政変を引き起こす行動に出た。一〇月一五日、オットー・スコルツェニー親衛隊少佐を隊長とする特殊任務部隊が、ブダペストでホルティの息子を人質にとってホルティを退陣に追い込み、ナチ党と友好関係にある矢十字党の最高指導者サーラシ・フェレンツを、一〇月一六日付でハンガリーの新たな国家元首に据えたのである。

ヒトラーを崇拝し、彼に絶対的な忠誠を誓うサーラシは、ハンガリー軍の将兵に「ドイツと共に勝利するか、さもなくば死か」との言葉でドイツ軍との共闘継続を命令すると共に、国内のユダヤ人を絶滅収容所へと移送する事業を再開した。

そして一〇月一八日、アイヒマンはブダペストへと戻り、今や親ナチの仲間となったハンガリー政府と協力して「やり残した仕事」に着手した。

写真に撮られることを恐れてカメラを破壊したアイヒマン

ブダペストに戻る前の九月二九日、アイヒマンは第二級鉄十字章という勲章を授与されていた。だが、同僚や部下、面会者の証言によれば、ハンガリー駐在中の彼は、それ以前に比べると精神的に不安定で、神経が過敏になっている様子だったという。

一九四四年六月六日の米英連合軍によるノルマンディー上陸作戦と、六月二二日に開始されたソ連軍による白ロシアでの大攻勢（バグラチオン作戦）により、ドイツ軍は西部戦線と東部戦線の両面で大きな退却を余儀なくされていた。八月二五日には、ドイツの軍政統治下にあったフランスの首都パリが、米軍と自由フランス軍（米英の支援を受けてドイツと戦っていた亡命フランス軍）に解放されており、アイヒマンが再びブダペストに赴いた時には、第二次大戦の戦況はドイツの劣勢へと大きく傾いていた。

それゆえ、アイヒマンの同僚や部下は、ドイツ敗戦後に自分は間違いなく戦争犯罪者として裁かれるとの焦燥《しょうそう》から、彼が酒に走ったり些細なことで感情を爆発させたりしているのだと認識していた。駅のホームなどで誰かが自分の写真を撮ったことに気付いたアイヒマンが、激昂してカメラを取り上げて壊したり、蓋《ふた》を開けてフィルムを引き出すことも何度か起きていたという。

一一月二日、親衛隊はヒムラーの命令により、アウシュヴィッツでのガス殺を停止し、大量殺害の証拠隠滅作業を開始した。これにより、ハンガリーのユダヤ人を大量殺害のために絶滅収容所へ送るというアイヒマンの計画は事実上頓挫したが、彼はその後もユダヤ人の迫害という、これまで続けてきた職務に執着し続けた。

一一月八日、アイヒマンは子どもや老人を含む大勢のユダヤ系ハンガリー人に、徒歩でオーストリアとの国境に向かうよう命じた。秋から冬に差しかかる時期で、気温はすでに低下していたが、食糧も燃料も与えられないまま歩かされたユダヤ人の中には、途中で衰弱して死亡したり、凍死したり、絶望して自殺する者が続出した。

この惨状を知ったヴァレンベリは、再びシュッツ・パスの大量発行で救い出そうとしたが、長い行列を作って歩かされているユダヤ人を効率的に救うことはできなかった。一一月二四日まで続いたこの「死の行進」により、五万人とも一〇万人ともいわれるユダヤ人が犠牲となったが、ヴァレンベリが救出できたのは、その中の数千人だった。

ハンガリーの矢十字党に属する人間も、一一月に入ると情け容赦なくユダヤ人を殺害し始めた。彼らは、一九四一年に始まった独ソ戦でのドイツ側の「行動部隊」と同様、ユダヤ人の市民を発見すると手当たり次第に殺害し、スウェーデン国旗やスイス国旗が掲げられたセーフハウスにも容赦なく入り込んで、匿われていたユダヤ人を殺した。

市内を流れるドナウ川の畔《ほとり》では、連行されたユダヤ人が河岸に並ばされ、矢十字党の戦闘員にピストルや小銃、機関銃で射殺されて、死体はそのまま川に流された。

一二月九日、意を決したヴァレンベリは、仲間のスウェーデン外交官と共にアイヒマンを夕食に招き、「戦争の行方はもう決したのだから、ユダヤ人の殺害は止めてはどうか」と提言した。だがアイヒマンは、「ソ連軍がブダペストに入ってくれば、自分の命はないだろう」と答えたあと、次のような言葉でヴァレンベリを脅したという。

「私が君の言い分の正しさを認めるとしても、われわれが友人になれるなどと考えてはいけない。君はスウェーデン外交官のパスポートを所持しているが、いつまでも身を守ってくれるとは限らない。外交官だって、事故に遭うことはあるのだからね」

この会食から二日後の一二月一一日、ドイツ軍の大型トラックがヴァレンベリの乗用車に激突する事故が発生した。たまたまヴァレンベリは車を離れていて無事だったが、これ以降、彼は毎日寝る場所を変え、移動の際にも細心の注意を払うようになった。

ブダペストからの脱出と旧オーストリアで迎えたドイツの敗戦

だが、アイヒマンのブダペストでの職務も、東から進撃してきたソ連軍によって停止させられようとしていた。一二月五日、ハンガリー方面のソ連軍がブダペストへの大攻勢を開始し、一二月二三日にはヴァリとセーケシュフェヘルヴァールという二つの戦略的要衝がソ連軍によって占領された。

身の危険を感じたアイヒマンは、一二月二四日にブダペストを車で脱出し、西のオーストリアへと向かった。同じ日、ソ連軍はブダペスト市を大きく包囲することに成功したが、ブダペストの市街戦はこの後も五一日間にわたって繰り広げられることになる。

アイヒマンは脱出前、市内の親衛隊とそれに従う矢十字党の戦闘員に、最後の命令を下していた。ブダペスト市内のゲットーに残る約六万人のユダヤ人の射殺である。

ヴァレンベリは、ユダヤ人虐殺という蛮行に嫌悪感を抱くハンガリーの警察官からこの情報を知ると、ハンガリーにおけるドイツ陸軍の最高指揮官ゲルハルト・シュミートフーバー少将に手紙を書き送った。

「このような計画は、すぐに中止させてください。さもなくば、私は戦争終了後にあなたを戦争犯罪者として告発し、あなたは絞首刑に処せられるでしょう」

この時、ブダペスト駐在のスペイン総領事を装ってユダヤ人の救援活動を行なっていた、イタリア人の実業家ジョルジオ・ペルラスカも、ハンガリー政府に対して同様の圧力をかけていた。結局、ゲットーのユダヤ人殺害という計画は中止され、アイヒマンが企てた最後の虐殺は間一髪で阻止された。

その頃、アイヒマンはソ連軍に捕らえられる危機を逃れてドイツ本国にたどり着き、一九四五年一月にベルリンへと戻った。だが、絶滅収容所の稼働はすでにヘウムノを除いて終了しており、一九四四年四月から再稼働していたヘウムノ絶滅収容所も、一月一八日に最後のユダヤ人殺害を行なって機能を停止していた。

これにより、国家保安本部第Ⅳ局B部第4課長としてのアイヒマンの職務は事実上終了した。ヨーロッパからのユダヤ人の一掃という「目標」を失った彼は、しばらく残務処理のような仕事を行ない、四月六日に国際赤十字のポール・デュナンとオットー・レーナーがテレージエンシュタットのゲットーを視察した際には、現地で同行し案内した。

ヒムラーとアイヒマンは一九四四年二月頃から、テレージエンシュタットのゲットーを

「対外向け宣伝に利用するショーケース」に仕立て、実際に旧ポーランド領の絶滅収容所で起きている凄惨な大量殺害から国際社会の目を逸《そ》らすための虚偽宣伝に利用していた。敷地内には、映画のセットのような綺麗な建物が作られ、同年六月に視察を許された国際赤十字のスタッフは、同地のゲットーに収容されているユダヤ人は外部の一般市民より良好な生活環境で暮らしているとの誤った報告書を作成した。

国際赤十字は、一九四五年四月の訪問でもアイヒマンらの欺瞞《ぎまん》を見破ることができず、デュナンとレーナーはプラハの宮殿内で、アイヒマンとフランク、親衛隊や警察の幹部らと歓談しながら食事を楽しんだ。

だが実際には、一九四四年の九月と一〇月だけで約二万人のユダヤ人がテレージエンシュタットからアウシュヴィッツに移送されていた。そして、アイヒマンは一九四五年一月、テレージエンシュタットを管理するハンス・ギュンター親衛隊少佐に、同地に残るユダヤ人全員を小要塞（ゲットー東部の刑務所）で殺害するよう命じた。

この命令に従い、テレージエンシュタットでは突貫工事でガス室の建設が始まったが、ゲットー内に噂が広がり収容者が騒ぎ出したことから、計画は中止された。

アイヒマンは、テレージエンシュタットからいったんベルリンへ戻ったあと、四月中旬にウィーンとリンツを経由して、親衛隊が疎開司令部の設置を進めていた旧オーストリア領北部のバート・アウスゼーへと向かった。

そして、同地に近いアルタウッセ（アルト・アウスゼー）で、彼はドイツが敗北したことを知ったのである。

第四章

国外逃亡と捕縛、エルサレムでの裁判

《ナチ戦犯の国外逃亡を助けたネットワーク》

アメリカ軍に投降したあと、ドイツ国内で数年間潜伏したアイヒマン

一九四五年五月にアイヒマンがドイツの敗戦を迎えた、旧オーストリアのアルタウッセは、音楽の都ザルツブルクから南東に広がるザルツカンマーグートと呼ばれる地域の町で、岩塩坑のある山や湖が連なる、風光明媚《ふうこうめいび》な場所だった。

このアルタウッセの岩塩坑は、第二次大戦中にドイツが周辺諸国から略奪した美術品が秘匿《ひとく》されていた場所の一つでもあり、フェルメールの「絵画芸術」と「天文学者」、ミケランジェロの「聖母子」、ベルギーのゲントから持ち出されたファン・エイク兄弟による聖バーフ大聖堂の祭壇画などの傑作の数々が、この坑内に隠されていた。

アイヒマンは、同地に集まっていた親衛隊員やドイツ軍の敗残兵と共に、ゲリラ隊に参加して山に潜伏し、ソ連軍と戦う意志を固めていた。だが、親衛隊員もドイツ兵も、アイヒマンと一緒に行動することを嫌がった。

戦時中アイヒマンが何をしたかは知れ渡っており、もし連合軍に捕らえられれば、自分もアイヒマンの一味として戦犯扱いされる可能性が高いと考えられたからである。彼らの

代表はアイヒマンに、一緒にいては皆が迷惑するから出ていってくれと要請した。

五月五日、彼は自分をナチ党に引き入れたエルンスト・カルテンブルンナーの家を訪れたが、カルテンブルンナーも「もう君とは関係したくない」と冷酷に絶交を言い渡した。アイヒマンはようやく、自分が置かれている境遇の深刻さを理解し、妻ヴェラと三人の子どもに生活資金と自殺用の青酸カリ入りカプセルを渡して別れを告げると、本格的な潜伏生活を送るために、自分を信頼する従卒と共にドイツ本国へと向かった。

彼はまず、ドイツ空軍伍長の制服を手に入れ、アドルフ・バルトという偽名で身分を偽装しながらバイエルンを西に移動した。その途中で、アメリカ軍の巡察隊に捕らえられ、まずベルンドルフ、次にローゼンハイムの捕虜収容所へと送られたが、身分証明書は軍命令で焼却したという言葉を信じたアメリカ軍は、彼の正体に気付かなかった。

だが、ドイツ人捕虜の中にアイヒマンを知っている者がいたため、彼は身の危険を感じて収容所を脱走し、二日後に別の米軍巡察隊に拘束された。アイヒマンは、アドルフ・バルト親衛隊軍曹と名乗り、前回とは別の収容所に収監されたが、真面目な態度で看守に好印象を与えることに成功し、より本名に近い偽名を使う方が名前を呼ばれた時の反応が自然になると考えて「自分の本当の名前はオットー・エックマンで、元第二二SS義勇騎兵師団に所属していた親衛隊少尉です」と「告白」した。

その後、アイヒマンは五ヵ月ほど捕虜生活を送ったが、やがて米軍調査官の尋問が厳しさを増し始め、彼はアメリカ軍が自分を親衛隊の重要人物と見なし始めていることを感じ取った。そこで、アイヒマンはオーバーダッハシュテッテン収容所の捕虜仲間に正体を明かして一九四六年一月二五日（または二月五日）に脱走し、仲間の一人の兄がいるというドイツ北部のコーレンバッハを目指した。

三月二〇日にハノーファー北東のコーレンバッハにたどり着くと、アイヒマンは同地を管轄するエーヴァーゼンの役所を訪れ、オットー・ヘニンガーという新しい偽名で住民登録を行なった。米軍の収容所で弟が生きていると知った兄は、アイヒマンを歓迎し、米軍の目が届きにくい人里離れた森の中で行なう伐採の仕事を紹介した。

ドイツ国内の元親衛隊員の互助組織とバチカンの地下ルート

一九四八年の夏、伐採場の経営者が事業を放棄し、アイヒマンは職を失ったが、彼は同じエーヴァーゼンのアルテンザルツコートにある未亡人の家に使用人として雇われ、部屋代や食事代の代わりに家の仕事を行なった。アイヒマンは、鶏小屋を建てて卵を売る事業を思いつき、一定の成功を収めた。卵を買いに来る客の中には、ナチの収容所から生還したユダヤ人も多くいたという。

だが、アイヒマンはここでも、心穏やかに生活することができずにいた。

一九四五年一一月二〇日から一九四六年一〇月一日まで開かれた、戦勝国がドイツの戦争犯罪を裁くための国際軍事裁判（通称ニュルンベルク裁判）と、それに続いて一九四六年一二月九日から一九四九年四月一三日までアメリカ軍が開いた軍事法廷（通称ニュルンベルク継続裁判）において、訴追された親衛隊幹部らがアイヒマンの名前と残忍な大量虐殺を結びつける証言を数多く行なっており、戦勝国が逃亡中のアイヒマンを本格的に捜索しているのは確実だと考えられたからである。

もはやドイツ国内に安全な居場所はないと悟ったアイヒマンは、戦犯訴追の対象となっている元親衛隊要人らを海外に逃亡させる互助組織がいくつか活動している事実を知り、その構成員と密かに接触して、ドイツからの脱出を企てた。

第二次大戦後のドイツで、元親衛隊要人や元ナチ高官の海外逃亡を支援した秘密組織については、今なお詳細が不明な部分が多く、「ドイツの元SSのための組織」のドイツ語の頭文字を並べた「ODESSA（オデッサ）機関」や「ディー・シュピンネ（蜘蛛）」などの組織についても、研究者によって実態の認識に大きな開きがある。

アイヒマンが接触した秘密組織は、ナチ党の政治思想（無神論の共産主義に対する敵対姿勢）に共感する一部のキリスト教（カトリック）教会関係者や赤十字職員による協力と支援を受けながら、ドイツから南米アルゼンチンへと元親衛隊員らを逃亡させる、いわば「トンネル」のような密出国ルートを、水面下で確立しつつあった。

このルートでの脱出経路の一例は、次のようなものだった。

まず、指定されたカトリック系の慈善団体に「寄付」を行なう。

次にオーストリアへ移動し、指定された修道院の院長を経由して、指定された自動車修理工場を訪れ、担当者が用意した移動手段で南へと向かう。

その後、オーストリアとイタリアの国境にあるブレンナー峠で協力者の村人の助けを借りて越境し、指定されたイタリア北部の修道院でイタリア人としての身分証明書一式を受け取り、安全な居場所を確保してしばらく潜伏したのち、港町のジェノヴァへと向かう。

ジェノヴァでは、フランシスコ修道院に住み込み、国際赤十字の事務所で渡航証（難民などに発行されるパスポートに相当する身分証明書）を取得する。それと共に、イタリア人労働者の移住を扱うアルゼンチン側の事務所で身体検査と健康診断を受け、アルゼンチン領事館で身分証明書と難民パスポート、必要書類を提示して、アルゼンチンへの入国ビザを申請する。

そして、ビザを取得次第、ジェノヴァ港からアルゼンチンの首都ブエノスアイレスへと向かう客船の切符を買い、それに乗船してヨーロッパをあとにする。

アイヒマンも、おおむねこのルートを利用してドイツとオーストリアを密かに脱出し、イタリア北部へと入国したと考えられている。

イタリアのジェノヴァから船で南米アルゼンチンへ

一九四八年のある日、アイヒマンはイタリア北部のテルメーノ・スッラ・ストラーダ・デル・ヴィーノという、トレントの北に位置する小さな町で六月二日付で発行された、リカルド・クレメントという新しいイタリア人の偽名を記した身分登録証を手に入れた。そして、彼は慎重に時期を見計ったのち、地中海に面したジェノヴァへと向かった。

アイヒマンは潜伏中のある時期（一九四七年春頃）、オーストリアのリンツにいる妻ヴェラに手紙を送り、自分が戦争末期に死んだと周囲に話すよう指示していた。

これを受けて、ヴェラはオーストリア国内の裁判所に行き、「夫のアドルフ・アイヒマンは、一九四五年五月六日にプラハで射殺されたのを目撃された」との内容で宣誓供述書を提出し、裁判所は申請をいったん受理した。これで、占領軍や警察による、戦犯容疑者としてのアイヒマン捜索は打ち切られるものと、ヴェラは期待した。

だが、この内容を不審に思ったユダヤ人のナチ戦犯追跡者ジモン・ヴィーゼンタールは声明書のコピーを入手して裏付け調査を行なった。その結果、彼は射殺を目撃したという証人のカール・ルーカスがヴェラの義弟である事実を突き止め、「親族の証言は法的効果を認められない」との理由で、判事はアイヒマンへの死亡宣告を撤回した。

この決定により、アイヒマンに対する追跡調査は継続されることとなった。

一九五〇年六月一日、アイヒマンはジェノヴァの国際赤十字事務所で、リカルド・クレメント名義の渡航証を発行されたが、その書類には、眼鏡をかけて口髭を生やしたアイヒマンの顔写真が貼られていた。それから約二週間後の六月一四日、アルゼンチン領事館はイタリア人のクレメント（アイヒマン）に入国ビザを交付した。

アイヒマンは、六月一七日にジェノヴァ港でジョヴァンニC号という客船に乗り、「母をたずねて三千里」（原作はエドモンド・デ・アミーチスの『クオーレ』の作中作）の主人公マルコと同じルート、つまりジェノヴァからブエノスアイレスに向かう長い船旅で、彼にとっての新天地である南米のアルゼンチンへと向かった。

第二次大戦後、アイヒマンと同様に元親衛隊員の互助組織とカトリック教会の援助を受けて、ドイツやオーストリアから国外に逃れた元親衛隊幹部は、数千人にのぼると見られている。

《アイヒマンはなぜ逃亡先にアルゼンチンを選んだか》

第二次世界大戦前から親ドイツ国だったアルゼンチン

アイヒマンを含む多くの元親衛隊幹部が、ドイツ敗北後に逃亡先として南米諸国、とりわけアルゼンチンを選んだのには、わけがあった。

南アメリカ大陸の南東部に位置するアルゼンチンは、ヒトラーとドイツに批判的な当時の国際社会では数少ない「親ドイツ国」だったのである。

中南米諸国、とくにスペイン語圏やポルトガル語圏の国では、一八九八年の米西戦争（アメリカとスペインによる植民地をめぐる戦争で、アメリカが勝利し、戦後にフィリピンがアメリカの植民地となる）後にアメリカが中南米諸国に対して行なった数々の軍事介入（アメリカ軍の派兵）が原因で、北米の大国アメリカの横暴への不信感と反発が根強く存在し、その反動で二〇世紀初頭にはヨーロッパのドイツとの関係を強める国々が増えていた。

ドイツとメキシコ、ブラジル、アルゼンチンの貿易規模は、一九三〇年代に入って急増し、中南米諸国の各種インフラの整備にもドイツ人やドイツ企業が深く関わった。支配者のように横柄《おうへい》に振る舞うアメリカと異なり、相手国と対等な条件の貿易協定を結んで輸出入を行なうドイツに対する、中南米諸国の好感は急速に高まっていった。

一九三三年から一九三八年までの五年間に、ドイツ企業がアルゼンチンに投資した金額は約三億ペソだったが、一九四五年三月二七日にアルゼンチンがドイツに宣戦布告した頃には、ドイツからの総投資額は三〇億ペソに達していた。

一九三九年九月にヨーロッパで第二次大戦が始まった時、遠く離れた中南米諸国は中立の立場を維持していた。二年後の一九四一年一二月に日本軍の真珠湾攻撃で日米戦争が勃発すると、アメリカと関係の深い中米の国々は次々と日本に宣戦布告を行なったが、南米諸国は依然として戦争から距離を置く姿勢をとり続けた。

その中でも、戦前からアメリカに不信感を抱くのと同時に、ドイツとの関係が深いアルゼンチンは、連合国の側で参戦することを最後まで引き延ばし続けた。アルゼンチンは、牛肉や穀物の輸出でヨーロッパとの繋がりが深く、国際会議の席でも「中南米諸国はアメリカのコントロール下に入るべきではない」と繰り返し主張した。

一九四一年一二月の真珠湾攻撃のあと、アメリカは中南米諸国に枢軸国との国交断絶を要求したが、アルゼンチンとチリは反対した。その結果、一九四二年にブラジルのリオデジャネイロで開催された米州外相会議で最終的にまとめられた声明の内容は、枢軸国との断交を「勧める」という穏やかな表現となった。

そしてアルゼンチンは、ドイツとイタリア、日本にいる自国の外交官を、本国へと呼び戻さない態度をとり続けることで、アメリカの神経を逆撫でした。

一九四四年二月にアルゼンチンの陸軍相に就任し、同年七月からは副大統領をも兼務した軍人のファン・ペロン（第二次大戦後の一九四五年一〇月に彼と結婚した妻が、「エビータ」の愛称で知られるエバ・ペロン）は、ドイツとイタリアが掲げるファシズムの政治思想に共感する思想の持ち主だった。アメリカは、彼らの親枢軸的態度に業を煮やし、駐アルゼンチン大使の召還や経済制裁などで圧力を加え続けた。

だが、こうしたアメリカの圧力は、逆にペロンの「闘士」としてのカリスマ性を高め、戦後の一九四六年六月に彼を大統領の座へと押し上げる効果を生みだすことになった。

アルゼンチンで妻子と再会した「リカルド・クレメント」

ジェノヴァを出港してから二七日後の一九五〇年七月一四日、アイヒマンはイタリア人労働者リカルド・クレメントとして、アルゼンチンのブエノスアイレスに上陸した。港での入国手続きの際、彼は職業を「技師」と記載した。

彼はまず、同市北部のビセンテ・ロペスにある下宿屋に滞在したあと、現地のドイツ人の家に寄宿しながら、金属加工の臨時雇いの仕事についた。一〇月二日、彼はブエノスアイレスの警察で、リカルド・クレメントとしての正式な身分証を発行された。

それから、カプリ（CAPRI）という会社で職を得て、ブエノスアイレスから北西に一〇〇〇キロほど内陸部にあるトゥクマンという街で暮らし始めた。

カプリは、アルゼンチン政府の委託を受けて水力発電所の建設候補地を探し、設計を行なう会社だったが、その職員の多くは戦後にドイツから移住したドイツ人で、身分を隠して流れてきた元親衛隊員などに仕事を斡旋《あっせん》する役割も担っていた。

親衛隊時代に中間指揮官として部下を取り仕切った経験のあるアイヒマンは、カプリ社でも管理能力を発揮し、短期間のうちに昇進した。

一九五〇年一二月のある日、アイヒマンはリカルド・クレメントの名前でオーストリアの妻ヴェラに手紙を書き送った。そこで彼は、自分の正体には触れずに「君の子どもたちのおじさんは、誰からも死んだと思われているが、実は生きているよ」とほのめかした。

ヴェラは、筆跡を一目見てアイヒマンからの手紙だと見抜き、アルゼンチンへと向かうための準備を慎重に開始した。彼女もまた、アイヒマンの行方を追う捜査員に監視されていたが、目立たないように注意を払いながら、正式なパスポートの申請を行なった。

一九五二年六月、ヴェラと長男クラウス、次男ホルスト、三男ディーターの四人はオーストリアの自宅から姿を消し、月末にはイタリアのジェノヴァにいた。彼女らも、移動経路から考えて、アイヒマンの逃亡を幇助《ほうじょ》した秘密機関を利用した可能性が高かった。

七月二八日、アイヒマンの妻と息子たちはブエノスアイレスに船で到着し、現地のドイツ人からの世話を受けたあと、八月一五日にトゥクマンでアイヒマンと再会した。

アイヒマンは、親衛隊時代よりも痩せ、顔も老けておとなしい雰囲気になっていたが、ヴェラと息子たちとの七年ぶりの再会を喜んだ。だが、一九五三年四月にカプリ社が政府の委託を外されてアイヒマンが解雇されると、「リカルド・クレメント一家」の生活は困難に直面した。

アイヒマンは、新たな仕事を探すためにブエノスアイレスに戻り、ビセンテ・ロペスの最初に住んだ場所の近くに家を借りて、ドイツ人の友人と共同で洗濯屋を始めた。だが、市内にはより安価で洗濯業を営む中国系の店があり、事業は軌道に乗らず失敗した。続いて、衛生器具メーカーの配送マネージャーという職についたが、彼が親衛隊時代に培《つちか》った特殊な「移送手配」の経験は通用せず、この仕事も長続きしなかった。

ブエノスアイレスでの元ナチ親衛隊員との交友関係

一九五五年一一月、ヴェラが四人目の子どもを出産し、アイヒマンは自分の南米逃亡を助けてくれたジェノヴァのフランシスコ司祭への感謝の意を込めて「リカルド・フランシスコ」と名付けた。だが、その後も、アイヒマンはアンゴラ兎《うさぎ》の飼育場や果物の缶詰工場など、職を転々と変えることを強いられ、一家の家計は火の車だった。

彼はそれまで、アルゼンチンのドイツ人たちに自分の正体を明かさず、現地で活動する元ナチの地下組織とも接触せずにいたが、生活の困窮に耐えかねて、ブエノスアイレスの地下組織に「自分はアイヒマンだ」と伝えた。

この行動は、ブエノスアイレスでのアイヒマンとその家族の暮らしを一変させた。

アイヒマンは地下組織から、同市西部のゴンザレス・カタンにあるメルセデス・ベンツの工場への就職を斡旋され、わずか数ヵ月で高給の管理職に任命された。

収入が安定したことで、一家の生活水準は向上し、アイヒマンは精気を取り戻した。彼は、ブエノスアイレス北部のビレジェス地域ガリバルディ通り一四番地にある家を買い、一九六〇年二月に家族と共にそこへ引っ越した。新しい家は、周囲に空間のある一軒家なので防犯面でも安心できると、彼は理解していた。

彼はまた、アルゼンチンで旧知の元親衛隊員との交友関係を広げていった。

一九四四年一〇月のハンガリー政変でホルティの息子を監禁した、オットー・スコルツェニー元親衛隊中佐（終戦時の階級）も、ブエノスアイレスに滞在した際にアイヒマンと会って旧交を温めたが、アイヒマンはスコルツェニーから、ウィレム・サッセンというオランダ系ドイツ人の元親衛隊員を紹介された。

ナチ党のプロパガンダ機関でも働いた経歴を持つサッセンは、「最終的解決」についてのインタビューをアイヒマンに申し込み、アイヒマンは五ヵ月にわたって自分の経験したことをテープに録音させた。最終的に、そのテープは六七巻に達し、書き起こしの原稿は六五九頁にわたった。その中で、アイヒマンは次のように語っていた。

「私は何も後悔していないし、自分の行為について屈辱的な謝罪をするつもりもない」

サッセンは、アウシュヴィッツ強制収容所で非人道的な人体実験を繰り返し行なったことで戦犯容疑者として捜索対象となっていた医師ヨーゼフ・メンゲレを、アイヒマンに紹介した。メンゲレも、アイヒマンと同じルートでアルゼンチンに逃れ、ブエノスアイレスに一時潜伏していたが、やがて身の危険を感じて同じ南米のパラグアイへ移動した。彼はその後、ブラジルに身を隠して、一九七九年に同地で死亡することになる。

アルゼンチンには、戦後に堂々と移住して、新たな生活を始めた元ドイツ軍関係者も少なくなかった。軍用航空機の設計者クルト・タンク、戦闘機のエース・パイロットだったアドルフ・ガーランド、急降下爆撃機シュトゥーカのパイロットとして勇名を馳せたハンス＝ウルリヒ・ルーデルなどである。彼らはアルゼンチン政府と契約し、同国の軍用機の研究開発者やアルゼンチン空軍の指導教官などを務めた。

第二次大戦の戦前から戦中を通じて「親ドイツ国」であり続けたアルゼンチンは、戦後もその姿勢を貫き続けた。こうした空気の中、アイヒマンはいつしか「もう追っ手は来ない」との安心感を抱き、長く持ち続けていた警戒心を、次第に緩めていったのである。

《戦後ドイツのナチ戦犯追及とイスラエルの建国》

敗戦直後のドイツでは低調だったナチ戦犯の追及

アイヒマンが偽名を使って逃亡生活を送っていた一九四〇年代の後半、敗戦国ドイツでは著名なナチ党高官がニュルンベルク裁判とニュルンベルク継続裁判で厳しく裁かれていたが、絶滅収容所などで直接的にユダヤ人の大量殺害に関わった人間を除けば、ナチ党や親衛隊の中間幹部に対する訴追は中途半端な形でしか行なわれなかった。

当時のドイツでは、ナチ党と親衛隊に関わった人間の数があまりにも多く、国内の行政機構を維持するためには、彼らを全員追放するわけにはいかなかったからである。

また、元親衛隊員の中には、占領軍であるアメリカの政府機関と秘密裏に取り引きし、アメリカ軍や情報機関ＯＳＳ（一九四七年九月一八日に中央情報局＝ＣＩＡに発展）への協力と引き換えに、戦犯訴追リストから外された者もいた。

第二次大戦の二大戦勝国であるアメリカとソ連の関係は、戦争末期には同盟からライバルへと変質しており、ソ連に関する豊富な情報を持つ元親衛隊員は、東部戦線でソ連軍と戦った元ドイツ軍人と共に、アメリカにとって貴重な存在と見なされていたのである。

一九四五年五月八日にドイツ政府が連合国に無条件降伏したあと、ドイツの領土と首都ベルリンは、アメリカ、ソ連、イギリス、フランスの戦勝四ヵ国によって分割統治されていた。やがて、米英仏の「西側陣営」とソ連（東側）の対立が激化すると、ドイツおよびベルリンの分割統治にも影響が出るようになり、一九四八年六月にソ連の指導者スターリンが米英仏統治下の西ベルリンを封鎖すると、東西両陣営の緊張は高まった。

このベルリン封鎖の危機は、米英仏が輸送機で物資を空輸して西ベルリン市民の生活を支えたことでいったん解消されたが、その後も東西対立は続き、戦後ドイツの処理をめぐる米英仏とソ連の協議も事実上物別れに終わった。

その結果、西側連合国統治下のドイツ西部地域が一九四九年五月二三日に「ドイツ連邦共和国（西ドイツ）」として独立（西ベルリンも同国に帰属）し、ソ連統治下のドイツ東部地域（東ベルリンを含む）も同一〇月七日に「ドイツ民主共和国（東ドイツ）」の建国を宣言したことで、ドイツは一九九〇年一〇月三日の再統一までの四一年間にわたり、東西二つの国に分断されることとなった。

こうして、東西両ドイツはヨーロッパにおける「東西冷戦」の最前線となり、西ドイツでは「反共（反共産主義）」と国内経済の再建が国策の最優先事項に位置づけられ、ナチ戦犯容疑者の追跡は後回しにされた。

また、一九三八年にドイツと合邦していたオーストリアも、一九五五年五月一五日に調印された「オーストリア国家条約」で主権回復が認められるまでの一〇年間、米英仏ソの戦勝四ヵ国による占領統治下に置かれ続けた。

アイヒマンがヨーロッパから脱出してアルゼンチンへの逃亡に成功した背景には、当時のドイツとオーストリアが直面した政治的混乱という理由も存在していたのである。

パレスチナで建国されたユダヤ人国家「イスラエル」

ベルリン封鎖によってヨーロッパで東西対立が本格化していた一九四八年、中東のパレスチナでも、その後の歴史に大きな影響を及ぼす出来事が起きていた。

ユダヤ人国家イスラエルの建国である。

第一章で述べた通り、ヨーロッパのユダヤ人は一九世紀の終わり頃から、聖地エルサレムを擁するパレスチナに民族的郷土を建設するという「シオニズム」を進めていた。そして、第二次大戦の戦中から戦後にかけて、親衛隊がヒトラーの命令でヨーロッパのユダヤ人を「絶滅」させるべく、収容所で迫害および大量虐殺していた事実が明らかになると、ユダヤ人の間では「安心して暮らせる民族的郷土」を必要とする認識が強まり、パレスチナへの移住希望者が激増した。

だが、当時パレスチナを統治下に置いていたイギリス当局は、現地のイギリス軍部隊やイギリス政府高官にも牙を剝《む》く（一九四四年一一月六日に英植民地相ウォルター・ギネス〈モイン男爵〉を暗殺するなど）ユダヤ人過激派と対立しており、ヨーロッパからの大規模なユダヤ人難民のパレスチナへの受け入れに強い抵抗を示した。

一九四六年六月二九日、イギリス軍はパレスチナ全土で約三〇〇〇人のユダヤ人過激派を一斉検挙したが、ユダヤ人過激派側は約一ヵ月後の七月二二日に報復として、イギリスの政庁や軍司令部、情報機関司令部などが置かれていたエルサレム中心部の最高級ホテル「キング・デイヴィッド」に対する爆弾テロを実行し、二〇〇人近い死傷者を出した。

また、第一次大戦後にパレスチナで激化した、ユダヤ人勢力とアラブ人勢力の対立は、第二次大戦後も解消されておらず、さらなるユダヤ人難民の流入は、両陣営の衝突をさらに激化させることになった。

こうした状況から、ドイツとの戦争で疲弊したイギリスは難題山積のパレスチナ統治から手を引く決断を下し、英外相アーネスト・ベヴィンは一九四七年二月一九日、第二次大戦末期に設立された国際連合（国連、ただし原語のユナイテッド・ネーションズは「連合国」の意）に、パレスチナの統治問題を一任すると宣言した。

この統治権放棄により、パレスチナ問題は国連の特別委員会が管轄するところとなり、委員会は計一二回の現地調査を踏まえて討論を重ねた後、同年一一月二九日に、パレスチナをユダヤ人領とアラブ人領、そして国連管理下の都市エルサレムに分割する国連決議第一八一号を採択した。

だが、その内容を知ったアラブ人側は、実質的にパレスチナの一割程度しか土地を所有していないユダヤ人側に、国土の半分近くが割り当てられた理不尽さに激しく反発し、アラブ人によるユダヤ人襲撃とそれに対する報復が各地で繰り返された。

イギリスのパレスチナ統治が終了した一九四八年五月一四日、ユダヤ人側はシオニズムの指導者ダヴィド・ベングリオンを首相とする形でユダヤ人の独立国「イスラエル」の建国を宣言したが、周辺のアラブ諸国（エジプト、シリア、レバノン、トランスヨルダン、イラク）はこれを認めず、パレスチナのアラブ人を助けるために軍事介入した。

これにより、第一次中東戦争が勃発したが、元連合軍のユダヤ系軍人が多く参集し、さまざまな策略を駆使してヨーロッパから大量の近代兵器を手に入れたイスラエル軍が戦いを優位に進め、一九四九年春にはイスラエル側の実質的勝利で戦争は終結した。

イスラエルに情報を提供した西ドイツの検事フリッツ・バウアー

一九四八年五月のイスラエル建国に伴い、ユダヤ人の自警団ハガナーはイスラエル国防軍に発展し、その情報機関（通称シャイ）も対象分野を異にする三つの組織に改組されたが、組織間の競合などが生じたため、一九四九年一二月一三日、三組織の諜報活動を統括する「諜報保安集中調整庁（一九五一年三月に諜報特務庁に改称）」が創設された。

ヘブライ語で機関や庁を意味する「モサド」の名で知られるこの諜報機関は、イスラエルの国家存続のための情報収集と分析、秘密工作に加えて、大勢のユダヤ人を迫害し虐殺した元親衛隊員の捜索や追跡もその任務としていた。

ホロコーストで重要な役割を担った親衛隊中佐アイヒマンについても、モサドは独自のルートで行方を追っており、一九五〇年には三人の機関員がオーストリアで調査を行なったが、そこから先のアイヒマンの足取りは摑めていなかった。

そんな時、モサドの機関員はあるユダヤ系ドイツ人から、アイヒマンに関する情報の手がかりを得た。西ドイツのフランクフルト・アム・マインで検事長を務めるフリッツ・バウアーは、一九五七年一一月七日に在ドイツのイスラエル代表部職員と面会し、自分が最近アルゼンチン在住のユダヤ系ドイツ人から受け取った手紙の内容を伝えた。

その手紙の主は、ローター・ヘルマンと名乗り（バウアーは最初の面会では名前を伏せた）、アドルフ・アイヒマンが偽名を使って家族と共にブエノスアイレス市内で暮らしていること、自分の娘がアイヒマンの息子ニコラス（クラウス）と交際したことで、その驚くべき事実を知ったことなどが書き記されていた。

バウアーは、自身も第二次大戦の戦前から戦中にかけてナチ党から迫害された経歴を持ち、一九三六年三月にドイツからデンマークへ移住した。一九四〇年四月にドイツがデンマークを占領したあと、彼は三ヵ月間収容所に抑留されたが、一九四三年一〇月にデンマークのユダヤ人がテレージエンシュタットのゲットーに移送され始めると、身の危険を感じたバウアーは家族と共にスウェーデンに亡命し、そこで終戦まで過ごした。

戦後にデンマークへと戻り、一九四九年にドイツへ帰国したバウアーは、元ナチの戦犯を処罰するために司法の道へと進み、地方の裁判所長や検事総長を経て、一九五六年からヘッセン州の司法長官として、フランクフルトで職務を行なった。

一九五二年には、ある裁判で検察官を務め、「国民を裏切った政府への不服従は、愛国的行為であり、国家反逆罪の構成要件には当たらない」として、一九四四年七月二〇日のヒトラー暗殺および反ナチのクーデター未遂事件を実行した、クラウス・フォン・シュタウフェンベルク大佐ら実行犯の名誉回復を行なった。

だが、当時の西ドイツの法曹界や警察組織には、元親衛隊員や元ナチ党職員が大勢所属していた。戦犯訴追を免れた者だけでなく、訴追された者も一九四九年と一九五四年の大赦法により公職復帰を認められ、戦争中の人道的犯罪を追及しようとする者の前に立ちはだかっていた。

西ドイツの連邦刑事警察庁外事課の課長パウル・ディコプフは、戦争中は親衛隊の少尉だったが、アイヒマンの捜索を要請したバウアーに「政治的な性格を有しているので処罰できない」として協力を拒んだ。一九五八年の時点で、連邦刑事警察庁で主要ポストに就く四七人のうち、七割に当たる三三人が、元親衛隊員だった。

このような状況で、もし「アイヒマンが身元を偽ってアルゼンチンのブエノスアイレスに潜伏中との情報をバウアーが摑んだ」という事実が西ドイツの警察組織に知られれば、警察内部にも張られた元親衛隊員のネットワークを通じてアルゼンチンに伝わり、アイヒマンの逃亡という事態を招く可能性はきわめて高いと考えられた。

それゆえ、バウアーはこの重要な情報を西ドイツの警察にはほとんど伝えず、「自国政府への反逆」というシュタウフェンベルクらと似たリスクを敢えて取る形で、イスラエル情報機関に通報する道を選んだのである。

《イスラエル秘密情報機関「モサド」のアイヒマン捕獲作戦》

南米でアイヒマン捜索を開始したモサドの機関員

バウアーの情報は、すぐにモサドで検討され、ブエノスアイレスのモサド機関員は情報に基づき、アイヒマン一家が住むというビセンテ・ロペスの家を監視した。

だが、一九五八年一月に行なった最初の調査では、大物の元ナチ親衛隊幹部が住む家にしては小さくて貧相だという理由で、情報の信憑《しんぴょう》性に疑問符が付けられた。

モサドに協力していたイスラエル警察の捜査員エフライム・ホーフシュテッターは、同年三月にアルゼンチンへと飛び、バウアーの情報源であるローター・ヘルマンの居場所を突き止めて面会したが、ヘルマンは実は盲目で、追加の調査費用を要求するなどの態度をとったため、ホーフシュテッターは彼の証言の信憑性に疑いを持ち始めていた。

しかし、ユダヤ人大量虐殺の重要なキーマンであるアイヒマンに関する生存の情報は、モサドにとっては無視できない重大事だった。それゆえ、モサドはバウアーから追加の情報提供を受けながら、アルゼンチンでアイヒマンに関する情報収集を継続した。

アイヒマンの追跡という作業において、モサドに好都合だったのは、親衛隊時代のアイヒマンの職務内容が、軍事面とは無関係な分野であることだった。

ヨーロッパで東西両陣営の緊張が高まると、米ソ両国の情報機関は、表向きはナチスの蛮行を批判しつつ、第二次大戦中に連合軍と戦ったり、軍の情報部で敵国に関する諜報活動に携わった経歴を持つ元ドイツ軍人や元親衛隊員と接触し、身柄の保護と引き換えに彼らの専門知識を手に入れるという「裏取引」を行なっていた。

だが、戦争中にユダヤ人を鉄道で大量移送して、ゲットーや絶滅収容所に送り続けたアイヒマンの経験に、なんらかの利用価値を認める外国情報機関は存在しなかった。

つまり、アイヒマンはいずれの大国にも「保護されていない存在」であり、居場所を特定して身柄の確保に成功すれば、第二次大戦中に人道的な罪を犯した重要な戦争犯罪人として起訴することも十分可能であると思われたのである。

一九五九年の夏、モサドはバウアーとは別の情報提供者からも、「ブエノスアイレスの自称リカルド・クレメントこそ、アドルフ・アイヒマンだ」という情報を入手した。

モサドの長官イセル・ハルレル（英語読みではイッサー・ハレル）は、ベングリオン首相に面会を求め、「西ドイツの友人が、アイヒマンはアルゼンチンにいるという証拠をもたらしました。追跡を開始するよう、部下に命じてもよろしいですか？」

ベングリオンは「よかろう、アイヒマンを連れ帰れ。生死は問わない」と答え、少し考えたのちに補足した。「とはいえ、生かしたまま連れ帰ることに成功すれば、なおよい。それは、我が国の若者たちにとっても、きわめて大きな意味を持つことになる」

本人特定の決定的な材料となった「結婚記念日の花束」

一〇月一一日、イスラエルのある新聞に、衝撃的なニュースが掲載された。

「元ナチ親衛隊幹部のアドルフ・アイヒマンが、中東のクウェートに潜伏している」

この情報は誤報だったが、ハルレルはもしアイヒマンがアルゼンチンに潜伏しているなら、この間違った報道に安心して警戒を緩めるかもしれない、と考えていた。

同じ頃、三人のモサド機関員がブエノスアイレスへと送り込まれた。この三人に下された指示は「クレメントが本当にアイヒマンなのか確認する」ことだった。

三人は、ビセンテ・ロペスのチャカブコ通り四二八一番地にあるクレメント家から、道を挟んだ向かいにある家を借り、望遠レンズを付けたカメラで写真を撮った。また、クレメントが通勤する際、カメラを仕込んだアタッシェケースを持った機関員が近くを歩き、さまざまな角度からクレメントの姿をフィルムに収めた。

彼らが撮影した写真は、すぐにイスラエルに送られ、モサドの分析官と警察の専門家によって検証された。しかし、ハルレルとその部下たちは、クレメントがアイヒマンだと断定する決定的な要素をまだ見つけられずにいた。すでにドイツ敗戦から一四年が経過しており、外見だけで本人だと特定することはきわめて困難だったからである。

一方、自分がイスラエル情報機関の監視下に置かれている事実にいまだ気付いていないアイヒマンは、前記した通り、一九六〇年二月に家族と共にブエノスアイレス北部のガリバルディ通り一四番地の新居へ引っ越した。この動きを見たモサド機関員の一人は、同じ通りに面した家を間借りして、根気強くクレメントの監視を続けた。

三月二一日、モサドの機関員は、クレメントが普段と違う行動をとっていることに気付いた。メルセデスの工場から帰る途中で花屋に立ち寄り、青と赤のアスター（キク科の植物）の花束を買ったのである（ただし、これを否定する証言もある）。

機関員のチームを率いるラフィ・エイタンは、間もなくその重要な意味を理解した。アイヒマンが妻ヴェラと結婚したのは、一九三五年三月二一日。クレメントが花を買った一九六〇年三月二一日は、それからちょうど二五周年の銀婚式に当たる日だった。

モサド機関員は、イスラエルの首都テルアビブにいるハルレル長官に、ヘブライ語で短い電報を打った。

「ハイッシュ・フー・ハイッシュ（あの男は、例の男です）」

これを受け取ったハルレルは、すぐさま次の行動に着手した。

アドルフ・アイヒマン生け捕り作戦の計画立案である。

ガリバルディ通りで身柄を拘束されたアイヒマン

イスラエル機関によるアイヒマン捕獲作戦には、二つの大きなハードルが存在した。

一つは、アイヒマンを生きたまま捕らえること。

そしてもう一つは、アルゼンチンの主権を侵害する形で身柄を拘束したアイヒマンの、イスラエルへの国外脱出を成功させることだった。

南米のブエノスアイレスで確保したアイヒマンの身柄を、中東のイスラエルへと連行するには、海と空の二つのルートしかなかったが、外部に知られないよう通常運行の貨物船で「密航」させたとしても、六〇日近くかかるため、海路は選択肢から除外された。

空路についても、イスラエルの国営エル・アル航空はアルゼンチンへの直行便を運行しておらず、理由なく特別機を飛ばせば、事後に大きな外交問題となることが予想できた。

ハルレルは、作戦で用いるエル・アル航空機をブエノスアイレスへと飛ばすための大義名分を探すのに苦心したが、彼らはひとつの幸運に恵まれた。

アルゼンチンの独立一五〇周年を祝う国家式典が、一九六〇年五月二〇日に開催されることになり、イスラエル政府代表も招待されたのである。

ハルレルは、このイスラエル代表団を運ぶエル・アル航空機を、アイヒマンのイスラエルへの移送に使うと決め、航空会社や外務省との間で必要な調整を行なった。そして、式典の日から逆算する形で、現地でのアイヒマン捕獲作戦を実行する準備を開始した。

四月下旬から、アイヒマン捕獲作戦を担当するモサドの先遣隊が、それぞれ別ルートでブエノスアイレスに入った。彼らは作戦拠点となる部屋を同市内で借りて、数ヵ月分の家賃を前払いし、そこに資料や食糧を集めて「砦《とりで》（マオス）」という秘匿名を付けた。

アイヒマンは、毎日同じ時間のバスで帰宅し、バス停から自宅までの移動ルートもほぼ一定だった。モサドは、彼の身柄を拘束するには帰宅時が最適だと判断した。

四月二七日、ハルレルはテルアビブから、ブエノスアイレスのモサド機関員に「作戦の決行」を命じたあと、自ら現地で作戦を指示するため、四月二九日にイスラエルを出発し、いくつかの国を経由してから、五月一日にブエノスアイレスへと到着した。

五月三日、ハルレルは部下のモサド機関員と共に仲介業者の案内である邸宅を検分し、目立たない場所にあるこの家を、拘束後のアイヒマンを監禁するための別邸として借りる契約を結んだ。この家には「宮殿（ティラ）」という秘匿名が付与された。

そして、彼らは緊迫した空気の中で、作戦決行日の五月一一日を迎えた。

午後七時三五分、二台の車がクレメントの自宅の近くに停車して、標的が帰宅してくるのを待った。クレメントが普段利用する時刻のバスが走り去っても彼の姿は路上に見当たらず、モサド機関員は動揺したが、八時三〇分まで監視を続けるとの判断が下された。

午後八時五分過ぎ、別のバスから降りて自宅へと向かうクレメントの姿を確認した彼らは、あらかじめ準備していた計画に従い、彼に接近した。そして、ガリバルディ通りの路上で標的を三人がかりで押さえつけ、停車していたバンの後部荷室に押し込んだ。

二台の車はすぐに発進し、モサド機関員は車内でクレメントに猿轡《さるぐつわ》を噛《か》ませて不透明

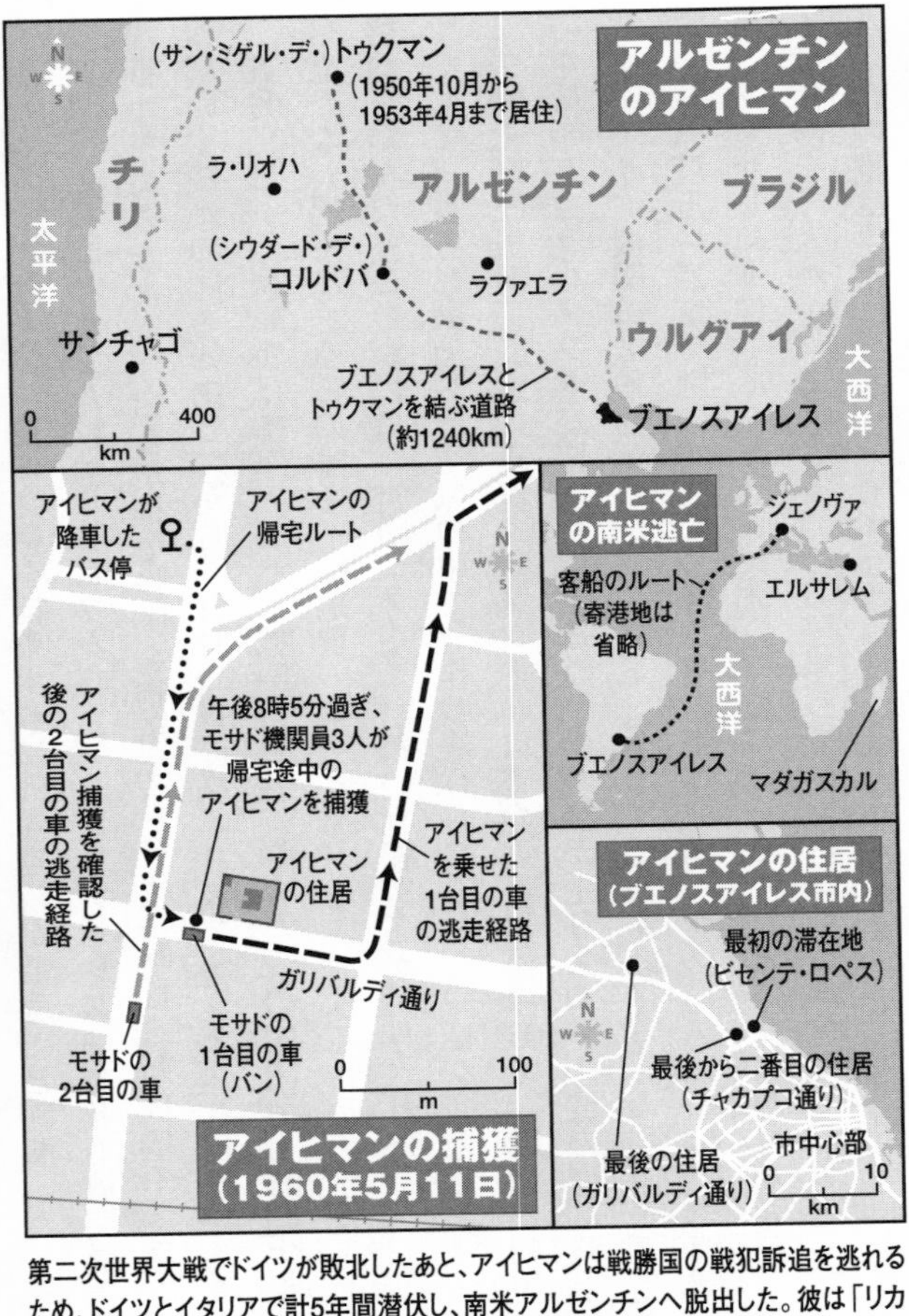

第二次世界大戦でドイツが敗北したあと、アイヒマンは戦勝国の戦犯訴追を逃れるため、ドイツとイタリアで計5年間潜伏し、南米アルゼンチンへ脱出した。彼は「リカルド・クレメント」という偽名で10年間滞在したが、1960年5月にイスラエルの諜報工作機関モサドに捕らえられ、エルサレムへと連行された。(地図制作・山崎雅弘)

なゴーグルで目を隠し、毛布で身体を包んだが、男は抵抗せずおとなしく従った。午後八時五五分、彼らを乗せた車は「宮殿」に到着し、家の中へ連行された男は鉄製のベッドに寝かされて、片足をベッドのフレームに縛り付けられた。

口の中に毒物を隠していないか入念に調べたあと、モサド機関員は尋問を開始した。

帽子や服、靴のサイズに続いて、ナチ党の党員番号を訊かれた男は、即答した。

「889895」

それは、アイヒマンの番号と一致していた。

名前については、最初「リカルド・クレメント」と名乗り、「本名は?」と問い詰められると今度は「オットー・ヘニンガー」と答えた。だが、「45326」という親衛隊員番号を尋問者に指摘されると、彼は観念したように本当の名前を口にした。

「私は、アドルフ・アイヒマンだ」

元親衛隊中佐アイヒマンの、一五年にわたる逃亡生活に終止符が打たれた瞬間だった。

《エルサレムで裁判にかけられたアイヒマンへの死刑宣告》

エル・アル航空機で密かにイスラエルへ移送されたアイヒマン

一九六〇年五月一一日に、モサド機関員によって身柄を拘束されたアイヒマンは、それから九日間にわたって「宮殿」に監禁され、尋問を受けた。

アイヒマン捕獲に関与したモサドの機関員たちは、戦争中にアイヒマンがユダヤ人の同胞に対して行なった壮絶な蛮行を常に想起し、心理的に張りつめた緊張状態に置かれた。

それは、子どもや老人を含め数百万人のユダヤ人を死地へと送ったアイヒマンに対する強烈な嫌悪感や憎しみと、この戦争犯罪人を生かしたままアルゼンチン当局の目をかいくぐって無事にイスラエルへ連行する任務に忠実であらねばならぬという、相反する感情の衝突だった。モサド機関員の中には、肉親をホロコーストで殺された者もおり、ハルレルは彼らが突発的にアイヒマンを殺したりすることのないよう、細心の注意を払った。

監視者の不手際でアイヒマンを取り逃がしたり、油断して自殺させるリスクを取り除くため、「宮殿」内ではさまざまな規則が設けられた。また、言葉による機関員の挑発や心理誘導を警戒して、アイヒマンとの会話は原則として一人だけが許可された。

アイヒマンは、ガリバルディ通りで捕らえられてすぐ、自分がイスラエルの諜報機関に拘束されたことに気付き、従順な態度で過ごしていた。尋問に対しては、逃亡後に自分が用いた数々の偽名について説明したが、自分の裁判はドイツかオーストリアで行なってほしいとのアイヒマンの要望は、にべもなく却下された。

モサドの機関員は、アイヒマンを移送する飛行機がブエノスアイレスに到着するまでの間、監禁場所の「宮殿」から空港までの道路状況を慎重に偵察し、当日の移動ルートを検討した。また、なんらかの理由で飛行機が使えなくなった場合に備えて、海路での脱出ルートも再検討の対象となり、ブエノスアイレスの港にも機関員が派遣された。

自分を拘束したイスラエル人が、危害を加えないことがわかると、アイヒマンの精神状態も次第に落ち着き、イスラエル国内で裁判を受けることを承諾する書類にサインした。

モサド側は、アウシュヴィッツ収容所で双子の子どもを生きたまま人体実験の材料にするなど、医師でありながら残虐行為を繰り返したメンゲレの潜伏場所をアイヒマンから聞き出そうと試みたが、アイヒマンは彼の消息を知らないと言い、成果はなかった。

アルゼンチン独立一五〇周年の祝賀式典に参加するイスラエル政府の代表団を乗せた、エル・アル航空のブリストル・ブリタニア旅客機は、五月一八日の午前一一時に、イスラエルのテルアビブに近いロッド空港を離陸した。この四発プロペラ機は、途中で給油のためイタリアのローマと西アフリカ（セネガル）のダカール、ブラジルのレシフェを経由して、五月一九日の午後七時三〇分頃にブエノスアイレスのエセイサ空港に到着した。

ブエノスアイレスの空港では、イスラエル代表団を出迎える派手なセレモニーが催されていたが、「宮殿」ではモサド機関員が、アイヒマン移送の最終確認作業を行なった。

五月二〇日の午後八時頃、エル・アル航空の制服を着せられたアイヒマンと四人のイスラエル人を乗せた車が「宮殿」を出発した。三時間後の午後一一時、車はブエノスアイレス空港に着き、他のモサド関係者やエル・アル航空の乗務員と合流してから、三台の車で駐機場へと向かった。

途中のゲートでは、空港警備員が各車内をチェックしたが、二台目の車の後部座席で眠り込んでいる三人の「エル・アル航空の制服を着た男」の一人がアイヒマンだとは気付かず、そのまま通過させた。

エル・アル航空のブリストル・ブリタニア旅客機に着くと、薬を注射されてぐったりとなったアイヒマンの身体を二人のモサド機関員が両脇から抱きかかえながら、慌ただしく機内へと連れ込んだ。そして、ファーストクラスのキャビン前方の窓際席に座らせた。

五月二一日の午前零時五分、アイヒマンを乗せた旅客機は、ブエノスアイレス空港を離陸した。同機は、ダカールまで約一三時間飛行し、そこで燃料を給油すると再び離陸して一一時間三〇分の飛行を行ない、五月二二日の午前八時前にロッド空港へ着陸した。

裁判でアイヒマンが行なった自己正当化の弁明

一九六〇年五月二三日午後四時、ベングリオン首相はイスラエル議会（クネセット）で、世界中を驚かせる声明を読み上げた。

「私は、ナチ犯罪者の主要人物アドルフ・アイヒマンが、イスラエル秘密機関によって発見・拘束されたことをここに報告する。アイヒマンはすでにイスラエル国内で拘留されており、『ナチスおよびナチ協力者（処罰）法』に基づいて近々裁きを受けるだろう」

アイヒマンが生きたまま捕らえられイスラエルに移送された事実は、公式発表の直前にドイツ駐在のモサド機関員を通じて、情報提供者のバウアーにも知らされていた。

イスラエル到着後、モサドと警察は改めてアイヒマンの本人確認を行ない、ハイファの地方判事が五月二三日付でアイヒマンの逮捕状を発行した。

イスラエルの政府機関に自国の主権を侵害されたと知ったアルゼンチン政府は、イスラエルへの制裁を国連に訴え、六月二三日に決議された国連安保理決議第一三八号で、イスラエルへの賠償請求が認められた。だが、イスラエル側は特殊な歴史的犯罪の追及だと主張し、両国政府による協議のあと、八月三日にはアルゼンチンの請求が取り下げられた。

一九六一年二月一日、イスラエルの検事による起訴状がアイヒマンに渡され、二月二一日に正式な起訴が行なわれた。計一五項目の罪状は、四つのカテゴリーに分類され、最初のカテゴリーは「ユダヤ人に対する犯罪」、二つ目は「人道に対する罪」、三つ目は「戦争犯罪」、そして四つ目は「犯罪組織構成員としての罪」だった。

四月一一日、エルサレムの劇場型ホール「民族の家（ベイト・ハアム）」を改修した特設の法廷で、エルサレム地方裁判所によるアイヒマン裁判がスタートした。この施設には七五〇人の傍聴人を収容でき、アイヒマンと警官二人が座る被告席の周囲は、危害を加えられないよう防弾ガラスで覆われていた。

審理が始まると、アイヒマンは戦前から戦中において自らが行なった行動を正当化する、自己弁護の発言を繰り返した。

「ユダヤ人が強制移住の過程で家や財産を失ったのは事実であり、遺憾ではありますが、それは私の罪ではありません。私は、権力の上層部にいる権力者に操られる道具でしかな

防弾ガラスに囲まれた特別仕様の被告席に座るアイヒマン

かった。ユダヤ人たちを絶滅収容所に送るよう命じたことは事実ですが、私もまた命令を受ける立場にあり、服従の誓いに従って命令を遂行せざるを得ませんでした。

人道的観点から見るならば、私のやったことは有罪です。なぜなら、私は強制移住を組織したことに責任があるからです。私は、この殺人行為、すなわちユダヤ人絶滅政策を、人類史上最も重大な犯罪の一つと考えています。ですが最後に、こう付け加えさせていただきたい。私は当時からすでに、個人的には、この種の暴力的な解決法は正当化されるものではない、と理解していました。しかし残念なことに、私は先にも述べたように忠誠の誓いに縛られていたので、自分の担当する課で輸送問題に取り組まねばならなかった。

それゆえ、私は心の底では、自分に責任があるとは感じておりません。私は命令を忠実に遂行しましたし、義務を果たさなかったと誰かに非難されたことは一度もない、ということを、ここで明言させていただきたいと思います」（ロニー・ブローマン、エイアル・シヴァン共著、高橋哲哉・堀潤之訳『不服従を讃えて「スペシャリスト」アイヒマンと現代』産業図書収録の裁判記録からアイヒマンの発言を要約）

死刑判決と執行、海に撒かれたアイヒマンの遺灰

アイヒマン裁判の公判は、四月一一日から八月一四日までの約四ヵ月間に計一一四回行なわれたが、主任検察官を務めたギデオン・ハウスナー司法長官の追及に対し、「自分は命令に従っただけで、ユダヤ人の殺害や迫害について責任を負わない」と主張した。

ユダヤ人迫害の命令文書への署名についても「自分はただ署名しただけで内容に責任は負わない」「文面はあらかじめ決められたプロセスで作成され、署名者はその都度替えられる」「署名したのは上官の許可を得たから」などの一般論をひたすら繰り返した挙げ句「なぜ私がこの件で罪を負わされるのですか？」と居直る態度を見せた。

アイヒマンの署名入り文書の冒頭には「私は命じる」と記されているが、この「私」とは貴方ではないのか？　と検事に問い質《ただ》されても、アイヒマンは「それはドイツ語の官僚用語であって、私個人とは無関係だ」とはぐらかした。

裁判官から「(命令への服従という) 義務と良心の間に葛藤はなかったのか」と問われると、アイヒマンは「良心を調節することはできず、放棄するしかなかった」と答えた。「もっと市民的勇気を (貴方が) 持てば、全ては違ったでしょう」との問いも、「市民的勇気が序列的に機能すればそうなったでしょうが、戦争の困難の中でのことで、『抵抗しても無駄だ』『焼け石に水をかけるようなものだ』と皆が考えていた」とかわした。

アイヒマンが手配した列車で移送させられたユダヤ人を待ち受ける「結末」について、貴方は知っていたかと問われても、アイヒマンは「鉄道による移送の技術的問題」に論点をずらして問題を矮小化《わいしょう》し、責任回避を図り続けた。

そしてアイヒマンは、次のような責任転嫁の言葉を口にした。

「時代の問題だった。あの時代の教育が、世界観を決めた。私たちの生きたあの時代は、国家によって犯罪が正当化された時代で、その責任は命令者の側にあった」

ハウスナーから「ユダヤ人殺害の実行者は、犯罪者か？」と訊かれると、アイヒマンはそれに正面から答えず、「不幸な人だった」「自分が置かれたことのない立場なので答えられない」「（アウシュヴィッツのヘース所長には）同情した」「私情は申し上げない」など、はぐらかしの言葉を弄し続けた。

しかし、裁判が終盤に差しかかった頃、ハウスナーから「あなたは自分がユダヤ人殺害の共犯者だと認めますか？」と問われると、アイヒマンは答えた。

「人としては有罪です。移送を組織したのは私の罪ですから」

一九六一年一二月一一日、アイヒマンは熱心な自己弁護の甲斐なく、一五項目の罪状の全てにおいて有罪を宣告され、一二月一五日にはイスラエルの歴史を通じてただ一例の「死刑」を宣告された。彼は一二月一七日にこの判決を不服として上告したが、イスラエル最高裁判所は、翌一九六二年五月二九日に上告の訴えを棄却した。

アイヒマンは最後の望みとして、イスラエルのイツハク・ベン＝ズヴィ大統領に恩赦の請願書を送付したが、五月三一日に却下され、死刑が確定した。

この日の深夜、イスラエル中部のラムラにある刑務所で、アイヒマンの死刑執行が準備された。アイヒマンは、執行前にワインを少量口にしたが、食事は拒否し、絞首刑を執行する際の慣習である黒頭巾の着用も拒んだ。そして、次のような言葉を遺した。

「ドイツ万歳。アルゼンチン万歳。オーストリア万歳。この三つの国は、わたしがもっとも親しく結びついていた国々です。これからも忘れることはありません。妻と家族、友人たちに挨拶を送ります。わたしは戦争と軍旗の掟に従わなくてはならなかった。覚悟はできています」

日付が六月一日に変わったあと、アイヒマンの絞首刑が執行された。

彼の遺体は即座に火葬され、その灰はナチス支持者（ネオナチ）による埋葬地の偶像化を避けるため、イスラエル領海の外（公海）の地中海に撒布《さんぷ》された。

こうして、アドルフ・アイヒマンの五六年の生涯にピリオドが打たれたのである。

第五章

日本人の中にもある「アイヒマン的なまじめさ」

《哲学者ハンナ・アーレントと「アイヒマン論争」》

アイヒマン裁判を傍聴したハンナ・アーレント

エルサレムで行なわれたアイヒマン裁判は、イスラエル政府にとって、ナチ党政権下のドイツがヨーロッパのユダヤ人に対して行なった残虐非道な行為をユダヤ人の手で裁き、厳罰を与えるという、重要な政治的意味を持つものだった。

ところが、この裁判は結果的に、予期せぬ波紋と論争をユダヤ人社会の内部で引き起こすこととなった。その発端となったのは、ユダヤ人の女性哲学者ハンナ・アーレントが、アイヒマン裁判を傍聴したのちに発表した、批判的論考だった。

アーレントは、一九〇六年にドイツで生まれたユダヤ人で、一九三三年にナチスの迫害を逃れてまずフランスに亡命したが、一九四〇年五月にドイツ軍がフランス方面への侵攻を開始すると、彼女はフランスから見た「敵国（ドイツ）人」と見なされて収容所に入れられた。翌六月、フランスはドイツ軍によって征服されたが、アーレントは占領の混乱に乗じて収容所を脱出し、南フランスを経由して翌一九四一年にアメリカへ亡命した。

その後、アメリカの大学で客員教授として哲学を教える傍《かたわ》ら、一九三〇年代にヨーロッパで勃興した全体主義（ファシズム）の生成過程やそれを支持する国民の心理などを分析した著書『全体主義の起源』を一九五一年に著していた。

雑誌「ザ・ニューヨーカー」の特派員としてアイヒマン裁判を傍聴したアーレントは、異様な雰囲気に包まれたエルサレムの法廷で感じた違和感や疑問を率直に言語化し、一九六三年二月から三月にかけて、計五回の記事を同誌に寄稿した。その内容は、元々アーレントが書いた原稿を雑誌用に少し縮めたものだったが、完全版の原稿は同年五月に一冊の本として刊行され、翌一九六四年六月には一部加筆した改訂版が出版された。

それが『イェルサレムのアイヒマン　悪の陳腐さについての報告』である（以下の引用は、大久保和郎訳、みすず書房、一九九四年の新装版第一刷より）。

アーレントは、まず舞台である法廷の成り立ちと、ナチ党政権下で段階的にエスカレートしたユダヤ人迫害および虐殺、ヨーロッパ各地域におけるユダヤ人「移送」の状況について、当時判明していた詳細な事実を指摘し、その中でのアイヒマンの役割を記した。

その上で、自らもシオニズムに参加してナチ党の迫害を受けたユダヤ人学者としての誠実さに基づき、アイヒマン裁判を「勧善懲悪のセレモニー」に仕立ててなんらかの政治的効果を生み出そうとする流れに、いくつもの疑問を差し挟んだ。

たとえば、イスラエルが違法な手段でアイヒマンを外国（アルゼンチン）で拘束して同国に連行した行為の正当性と、アイヒマンを訴追する法的根拠を問題視した。

アイヒマン裁判は他の継承裁判と次の一点だけで異なっていた――つまり、被告は正当に逮捕され、イスラエルに引渡されたのではなかった。それどころか、彼を裁きに服せしめるために国際法に対する明白な侵犯がなされたのである。（203頁）

イスラエルでも他の大抵の国と同じく、法廷に引出された人物は有罪と立証されるまでは無罪とみなされていた。しかしアイヒマンの場合にはこれは明白なフィクションにすぎなかった。イェルサレムにあらわれる前に有罪と見られていなかったとすれば、しかも疑問の余地なく有罪と見られていなかったとすれば、イスラエル人は彼を誘拐することなど敢てしなかったろうし、望まなかったろう。（162頁）

アーレントが論考で指摘した「不都合な事実」の数々

また、アーレントはこの論考の中で、ナチ党政権下においてドイツの親衛隊が行なったユダヤ人の迫害において、各地のユダヤ人評議会が果たした役割について問題にした。

アイヒマン裁判では、ハンガリーのユダヤ人評議会の幹部が証言を行なっている最中、傍聴席にいたハンガリー系ユダヤ人が突然大声で、「お前はドイツ人に協力し、自分の家族を守るために、私たちの家族を犠牲にした！」と叫んで退廷させられる場面があった。

彼女は、こうした「不都合な事実」がアイヒマンの裁判できちんと取り上げられていないと問題視した上で、次のように指摘した。

すなわちSS〈親衛隊〉がいくつかの一般方針を与え、送られるものの人数、年齢、性別、職業ならびに出身国を定めた上で、ユダヤ人評議会が〈強制／絶滅収容所へ送られるユダヤ人の〉リストを作成したのである。（94頁）

そしてアーレントは、アイヒマンという被告について、彼個人の異常さが問題の本質ではなく、むしろ彼の「正常性」の中にこそ、恐るべき闇があると示唆した。

検事のあらゆる努力にもかかわらず、この男が〈怪物〉でないことは誰の目にもあ

きらかだった。（42頁）

アイヒマンという人物の厄介なところはまさに、実に多くの人々が彼に似ていたし、しかもその多くの者が倒錯してもいずサディストでもなく、恐ろしいほどノーマルであるということなのだ。われわれの法律制度とわれわれの道徳的判断基準から見れば、この正常性はすべての残虐行為を一緒にしたよりもわれわれをはるかに慄然とさせる。（213頁）

アイヒマンを「異常な怪物」と見なし、彼の人格のみに起因する個人的な犯罪として処罰するのではなく、アイヒマンという異様な人物の行ないが可視化した「構造的な問題」の全体に光を当ててこそ、このような「国際法に違反する形で敢えてなされた裁判」を有意義なものにできるというのが、彼女の展開した論旨だった。

論考の最後で、アーレントはこの裁判が「目に見える形での正義の遂行」であるとすれば、本来被告に言い渡すべき判決は次のような言葉であるとして、こう締めくくった。

議論を進めるために、君が大量虐殺組織の従順な道具となったのはひとえに君の逆境のためだったと仮定してみよう。その場合にもなお、君が大量虐殺の政策を実行し、それ故積極的に支持したという事実は変らない。というのは、政治とは子供の遊び場ではないからだ。政治においては服従と支持は同じものなのだ。そしてまさに、ユダヤ民族および他のいくつかの国の国民たちとともにこの地球上に生きることを拒む——あたかも君と君の上官がこの世界に誰が住み誰が住んではならないかを決定する権利を持っているかのように——政治を君が支持し実行したからこそ、何人《なんぴと》からも、すなわち人類に属する何ものからも、君とともにこの地球上に生きたいと願うことは期待し得ないとわれわれは思う。これが君が絞首されねばならぬ理由、しかもその唯一の理由である。（214〜215頁）

アーレントの「悪の陳腐さ」という言葉が引き起こした波紋

アーレントの著述は、むろんアイヒマンの擁護《ようご》を意図したものではなく、裁判自体の根拠に関する瑕疵《かし》の指摘や、哲学の観点から見た「裁きの正当性」の論証だった。

だが、彼女の記事は、国際的なユダヤ人社会に激烈な反応を引き起こした。

とりわけ多くの批判を浴びたのは、彼女が戦争中のユダヤ人評議会がナチ党と親衛隊によるユダヤ人迫害と虐殺に「全力で抵抗」せず「協力」した事実を指摘したことで、結果としてアイヒマンの罪を軽くする効果をもたらしたのではないか、という論点だった。

実際には、このような批判は論理の飛躍であり、アーレントの指摘はアイヒマンが犯した罪を軽くするような「効果」をもたらしてはいないが、多くのユダヤ人読者にそのような「印象」を与えてしまったことは事実だった。

また、アーレントがアイヒマンを「異常な怪物」でなく「ごく普通の人間」であるかのように表現したことも、彼の犯した罪の責任を矮小化するものだとして批判された。

そうした表現は結果として、アイヒマン自身が何度も法廷で口にした「自分はただ上官の命令に忠実に従っただけであり、すべての行為の責任は上官にある」という自己弁護を補強するようにも受け取れるからである。

アーレントが副題とした「悪の陳腐さ（バナリティ）」という言葉も、バナールという言葉には「陳腐さ」だけでなく「平凡さ」という意味があるため、アイヒマンの罪があたかも一般論で処理できる範疇だと彼女が語っているかのように解釈する批判者もいた。

こうした批判に対し、アーレントは誤解を解くための弁明を幾度も行なった。

一九六四年一〇月二八日、ドイツ公共放送連盟（ARD）は同年一一月二四日にニューヨークで収録した、ティーロ・コッホというジャーナリストとの対談を放送した。アーレントはその中で、自分に向けられた批判に対して以下のように説明した。

コッホ：あなたの本、アイヒマン裁判についての報告が、ナチの犯罪を間接的に免罪するものだとか矮小化するものだというような誤解は、いったいどのようにして生じえたのでしょうか。

アーレント：それについては、わたしの見るところ、ふたつのことが関係しているようです。ひとつは悪意のある歪曲で、もうひとつは純然たる誤解です。わたしがナチ時代の犯罪を「免罪」したなどといえるひとは、わたしの本を読んだひとなら、だれひとりとしていません。〔略〕副題の「悪の陳腐さについて」はほんとうにいろいろと誤解されました。今世紀最大の災いを矮小化することほどわたしの気持ちからかけ離れたものはありえないでしょう。ですから、陳腐なものとは矮小なものではないし、ありふれた出来事でもありません。（ハンナ・アーレント著、J・コーン／R・H・フェルドマン編、齋藤純一・山田正行・金慧・矢野久美子・大島かおり訳『アイヒマン論争』

みすず書房、347〜348頁）

アーレントはこの対談において、「悪の陳腐さ」という言葉が一人歩きして、あたかも「誰もがそれぞれの内面に『内なるアイヒマン』を持っている」と自分が主張しているような受け取り方をされていることに「耐えがたさ」を感じる、とも述べていた。

そうした「過度な一般化」は、彼女の意図するところではなく、むしろそうした論旨の歪曲を行なう者こそが、アイヒマンが犯した罪の矮小化に加担していると主張した。

《特派員としてアイヒマン裁判を傍聴した二人の日本人》

日本人女性記者・犬養道子によるアイヒマン裁判の傍聴記

エルサレムでアイヒマン裁判を傍聴した大勢の人間の中に、数人の日本人がいた。

そのうちの一人、「週刊朝日」の特派員として法廷にいた犬養道子《いぬかいみちこ》は、同誌の一九六一年四月二八日号に「裁かれる〝普通の男〟　私は見たアイヒマン」と題した傍聴記を寄稿した。その中で、犬養は傍聴席でのあるやりとりを紹介している。

〝Oh, he is but an ordinary man！〟（普通の男じゃないの！）

裁判がいよいよ始まろうとする時、となりにすわっていたアメリカ人の婦人記者が私のひじをつついてつぶやいた。〔略〕水色の目を大きく開いて、彼女はしばらくの間、信じがたいというように、私の目を見つめていた。

たしかに、彼は普通だった。ヨーロッパの町かどでなら、一日一度は必ずすれちがうであろう、そんな男である。〔略〕

「ああ、なんて普通の男なんでしょう！」

と、アメリカ人の婦人記者はまたいった。

「私は——がっかりしたわ」

彼女はいったい、何を期待していたのだろう。中世の宗教画に描かれる悪魔か。その気持ちもわからないではない。私たちは、あまりにも多く、あまりにもくわしく、この天才的大量殺人者の行なった「流れ作業」を聞いて来た。その結果、ある人々の心の中では、「アイヒマン」は、即悪魔のイメージとなって生きるようになったのだ。

（10～11頁）

犬養の引用箇所の記述は、アイヒマンの「見た目」とそれへのアメリカ人記者の「期待外れと落胆」だが、アーレントが「ザ・ニューヨーカー」に寄稿する二年前の時点で、犬養も「アイヒマンを悪魔のように単純化することの危険性」に気付いていた。

犬養は、人間の生命や生きる権利、人間の理性や感情を真っ向から否定するのが「悪魔の本質」であり、もしアイヒマンの外見や振る舞いが、そのような粗暴でグロテスクなイメージに合致していたら、「ことははるかに簡単である」と書いた。

その場合、裁判傍聴記も予定調和的に「アイヒマンは、このような傲慢《ごうまん》で冷血なサディストであったがゆえに、あれほど残虐な行為に手を染めることができたのだ」とシンプルにまとめることが可能だからである。

だが、犬養はそうした安易な書き方をせず、自分の内心の不安を率直に書き記した。

おそろしいことは、まさに彼が悪魔ではない、「普通の男」だという、そのことだ。どこでも見かける普通の人間だからこそ、アイヒマンは、悪魔よりはるかに悪魔的な存在となったのだ。

それはまた、私に、一つのことを考えさせる。ごく普通の、平たくいえば「そんじょそこらの」家庭背景を持った、一人の男が、ふとしたきっかけで——よしんばそれが、テコをも動かすような圧力を持ったきっかけであったとしても——あれほどの途方もない罪悪を平然として、義務として、自己満足の道として、やってのけるようになったということは、私を含むすべての「普通の」人の中に、きっかけさえ与えられれば、彼と大差ない存在となり得る、どす黒い悪魔的な可能性がひそんでいるということか……。

まさか、と私は思う。そうかもしれない、とも思う。そして背中が冷たくなる。

（11～12頁）

「われわれのまわりに今日もいる『何千人の中の一つの顔』」

犬養のこうした記述は、アーレントと同様、観察者としての彼女の誠実さや謙虚さを物語るものだと言える。その一方で、「私を含むすべての『普通の』人」の中に「彼と大差ない存在となり得る、どす黒い悪魔的な可能性」が潜んでいるかもしれない、という犬養の記述は、一般化を戒《いまし》めたアーレントの弁明とは微妙に異なっている。

エルサレムの法廷でのアイヒマンの姿や振る舞い、発言内容を仔細に観察して、犬養は「彼はとくに『悪魔らしく』ない普通の男である」と考え、もしそうであるなら自分を含む「己を普通だと思う人間」の奥底にも、彼に通じる部分があるのかも、と戦慄《せんりつ》した。

そのような問題意識を持つことは、アイヒマンの罪を矮小化するものではなく、むしろ大罪を大罪としてありのままに認識した上で、その恐ろしい本質に迫ろうとする行ないだと言える。一見するとまじめで職務に忠実なアイヒマンという男が犯した「本当の罪」を理解するには、彼の内面をのぞき込むことも必要だという考え方である。

犬養毅《つよし》の孫として生まれ、女子学習院（現：学習院大学）と津田英学塾（現：津田塾大学）で学んだ彼女は、戦後にアメリカのボストンとフランスのパリに留学して哲学と宗教学を学び、一九五二年からは放送の仕事で五年間オランダに滞在していた。これらの経験から、彼女はヨーロッパの国々にナチ党とホロコーストがどれほど深い傷を残したかについても基本的な知識を有していた。

彼女は裁判の傍聴を始める前に、アイヒマンの経歴について当時入手可能だった情報を詳しく調査し、この元親衛隊中佐がユダヤ人の大量虐殺に直接手を下す立場ではなく、むしろそのお膳立てをする側の人間であった事実も把握していた。

そして犬養は、オランダやイスラエルのユダヤ人の間でも、年齢や立場によってアイヒマン裁判の捉え方が異なっていることにも気付いていた。

ユダヤ人の全員が、エルサレムでのアイヒマン裁判を肯定していたわけではなく、犬養は記事の中で、エルサレムで生まれ育った二〇歳のユダヤ人女性の「アイヒマンは〈イスラエルではなく〉国際裁判にかけるべきです」という意見を紹介していた。

のちに難民救済などの人道的活動に尽力する犬養は、一九六一年六月三〇日号の「週刊朝日」にも、「アイヒマンを生んだもの　虐殺の地ダハウ、ナチ発祥の地ミュンヘンを訪れて…」と題する原稿を寄稿した。

その内容は、アイヒマン裁判傍聴記の続きと共に、アイヒマンという異様な存在を生み出した時代背景として、ドイツとオーストリアの第一次大戦後の「敗戦国としての歩み」と、両国のナチ党勢力による反ユダヤ主義の勃興を説明するものだった。

犬養は、法廷でのアイヒマンの立ち居振る舞いについて、次のように記述した。

正九時、彼は、いつもいそいそとした足どりで、この「事務所〈防弾ガラスで囲われた被告ブース〉」にはいって来る。〈略〉ただの勤め人ではない。両わきにつきそう武装守衛に、弁護士に手渡すべきメモを渡すしぐさといい、「被告用」机の上の、分厚いとじこみを整理する手つきといい、それは慣れ切った「事務所のあるじ」――課長か部長――を思わせる。〔略〕

もしも、よりよき時代に生まれ正常な環境の中で成人したら、この男は、組織力と綿密な事務才能がものをいう世界――たとえば旅行会社の企画部のようなところで、堅実な地位をきずき上げたかもしれない。（20頁）

そして犬養は、滞在先のパリからの寄稿を、以下のような言葉で締めくくった。

理性では肯定していないことがらも、上司によってきめられたとあらば、諾々としてこれにしたがう役人根性のなれの果てというべきか。

エゴイストで多分にりこうで、ひたすらに保身をねがう男――組織力をもち、事務才能にたけた男――アイヒマンは、要するに、われわれのまわりに今日もいる「何千人の中の一つの顔」である。アジとテロにまきこまれたとき普通の男が何になり得るか――これこそアイヒマン裁判の、最も深い、そして最もおそるべき教訓なのであ

る。（28頁）

フランス文学者・村松剛が見たアイヒマン裁判

もう一人、「サンデー毎日」の特派員としてアイヒマン裁判を傍聴した村松剛《むらまつたけし》も、自らの見聞を書き記した傍聴記を残している。

村松は、アウシュヴィッツの収容所長（ヘース）をモデルにしたフランスの小説『死はわが職業』を翻訳した経験を持ち、その背景にある「ナチの兇暴《きょうぼう》なニヒリズムの実体」を自分の目で確かめたかったというのが、傍聴の動機だったと書き記している。

彼もまた、傍聴記の中で、このアイヒマン裁判に関する法的根拠に疑問を差し挟んでいた。アイヒマン告発の基礎が、イスラエルで一九五〇年一〇月に制定された「ナチスおよびナチ協力者（処罰）法」という国内法である事実を挙げた上で、こう指摘した。

ナチはこの法律ができる五年まえ、一九四五年にほろびています。しかもイスラエルができたのは、そのナチがほろびてから三年後の、一九四八年ですから、したがってナチが殺したユダヤ人はイスラエル国民ではない。ドイツ人であるナチを、イスラエルの国内法で裁こうというのが第一におかしいのですし、イスラエル国民ではなかった人間をナチが殺したからといって、あとからできた国が罰しようというのも、思えば奇妙なはなしです。（村松剛『新版 ナチズムとユダヤ人』角川新書、254〜255頁）

その一方で、村松は「もしイスラエルが彼を逮捕し、告発し、裁かなかったら、ほかにそれを行なう機関がなかった」という事実を指摘した上で、イスラエル政府が法的観点からの批判を承知でアイヒマン裁判を行なったことについて、次のように理解を示した。

西ドイツが積極的に、元ナチの告発にのり出したのは、アイヒマンがとらえられ、世界の眼が元ナチに注がれはじめてからあとのことでした。一民族の掃滅を企図するということがすでに空前のことであり、したがってそこには法律も司法機関もない。裁判もおのずから、変則的にならないわけにはゆかないでしょう。イスラエルは、被害者が自分で加害者をとらえ、自分で法律をつくって裁く、という原始的な方法に訴えざるを得なかった。その意味でぼくは、——在来の法理論にはあわないとしても

——イスラエルの立場に同情します。（同、255頁）

アイヒマンの行動原理については、村松は「出世欲」であると説明した。アイヒマンが「反ユダヤ主義者」であったか否かについては、いくつかの議論がなされているが、少なくとも「戦前の時点ではシオニズムに理解を示し、パレスチナへの移住を助けていたのだから、反ユダヤ主義者ではなかった」という主張は、論理的に成立し得ない。

なぜなら、一九四一年六月の独ソ開戦以降、あるいは一九四二年一月のヴァンゼー会議以降にアイヒマンがとった行動は、ユダヤ人の生存権を否定する思考の持ち主でなければ遂行不可能な職務であり、彼がユダヤ人を民族の種別ゆえに「天賦《てんぷ》の人権を持つ存在」とは見なしていなかった事実を示しているからである。

アイヒマンの出世にたいする欲望は強烈です。記録を読むと、彼の眼中には、ヒトラーにたいする忠誠心と、出世への欲望以外になかったのではないか、という気がする。そしてその念願の出世欲を、ある程度かなえてくれたのが、ユダヤ人問題でした。彼がユダヤ人狩りに精を出した理由も、これによってかなりの程度説明できるは

ずだと思います。（同、261～262頁）

《上位者の「命令」にはただ従うしかないのか》

「自分はただ命令に従っただけ」という弁明は成立するか

エルサレムでの裁判が始まる前、アイヒマンはイスラエル警察のアヴネール・レス警察大尉を担当者とする、イスラエル警察の約八ヵ月に及ぶ尋問を受けた。

一九六〇年五月二九日に始まったこの尋問は、エルサレムでの裁判が始まる二ヵ月前の一九六一年二月二日までに計九〇回行なわれ、延べ二七五時間に達した。その内容を記した供述調書は、三五六四ページものボリュームとなった。

この尋問において、アイヒマンは幼少期の思い出話からモサドに捕らえられるまでの経歴を詳しく供述したが、それと共に「自分はただ上位者の命令に服従しただけ」という、責任回避の弁明を繰り返した。

これまで私は、いつも服従《ゲホールザーム》を旨として生きてきました。それは子供のときから一九四五年五月八日まで、ずっとそうでした――それは親衛隊員の一員となってから絶対的服従《カダーファーゲホールザーム》、無条件の服従に変わりました。（ヨッヘン・フォン・ラング編、小俣和一郎訳『アイヒマン調書　イスラエル警察尋問録音記録』岩波書店、255頁）

レス大尉から「もし、その命令を遂行することが違法だった場合、何か裁くための軍事法などはなかったんですか？」との問いに、アイヒマンは次のように答えた。

なかったと思います。いずれにせよ、われわれ親衛隊の中では、そういう法律はありませんでした。命令の内容を云々《うんぬん》することは部下の任務ではなく、それも私の知る限り、最初から命令内容に立ち入ることは論外でした。ですから……私にとっては……命令に理屈などはないということと同じく、部下が命令の内容を解釈するなどとんでもないことだったんです。責任は命令を下した方にあります。（同、237頁）

だが、「自分はただ上位者の命令に従っただけだ」というアイヒマンの弁明は、彼が実際にとった行動の一面でしかなく、誠実で正直な言葉とは言いがたい。

なぜなら、彼が実際にとった行動のすべてに関して、ハイドリヒやヒムラーが一挙手一投足まで「命令していた」とは考えられないからである。

ハイドリヒもヒムラーも、ドイツ政府やナチ党組織の要職をいくつも兼任する多忙な要人で、アイヒマンが日々行なう行動の一つ一つまで全部把握していたわけではない。

実際には、アイヒマンはハイドリヒやヒムラーから付与された「権限」に基づき、個別の目的に合致する方策を自分で考えて判断した上で、列車の手配などの「命令」を手際よく各方面に発していた。

ここで注意すべきは「権限」と「命令」の違いと、両者の関係である。

上位者が下の者に与える「権限」とは、その範囲内で決定を下してもよいという「限定的な命令権」であり、「権限」を与えられた者は自分の裁量の範囲内で、いくらでも独自の判断に基づく「副次的な命令」または「枝葉の命令」を下せる。逆に言えば、与えられた「権限」に基づいて「副次的な命令」や「枝葉の命令」を臨機応変に下す能力がなく、何でもいちいち上官にお伺いを立てる部下は、無能だと見なされ地位を失う。

つまり、アイヒマンは「自分は上位者の命令に従っただけだ」と言いながら、実際には「最終的なゴールはユダヤ人の絶滅」という全体像を知った上で、与えられた権限を行使してユダヤ人の大量移送などを行ない、自分の判断に基づいて各種の命令を発していたのであり、ホロコーストに関する責任が彼に無いとはまったく言えないのである。

上位者への「服従」とは「支持」だと指摘したアーレント

アーレントも、一九六四年に発表した「独裁体制のもとでの個人の責任」という論考の中で、責任回避の方便として「(上位者の命令等への)服従」という弁明を認めることは誤《ご》謬《びゅう》であり、実際には「上位者の命令等を支持している」に過ぎないと論じた。

これが誤謬であるのは、合意を服従と同じものと考えているところにあります。合意するのは成人であり、服従するのは子供です。成人が服従する場合には、実際には組織や権威や法律を支持しているにすぎず、それを「服従」と呼んでいるのです。これは非常に長い伝統をもつ悪質な誤謬なのです。(ハンナ・アレント著、ジェローム・コーン編、中山元訳「独裁体制のもとでの個人の責任」『責任と判断』ちくま学芸文庫、76頁)

ですから、公的な生活に参加し、命令に服従した人々に提起すべき問いは、「なぜ服従したのか」ではなく、「なぜ支持したのか」という問いです。(略)この「服従」

という悪質な言葉をわたしたちの道徳的および政治的な思想の語彙《ごい》からとりのぞいてしまえば、どれほど事態がすっきりとすることでしょう。(同、78頁)

アーレントは、思考の主体性を放棄したかのように見える「服従」も、実際には主体的にそれに従うことを選んだ「支持」にすぎないと指摘し、神の言葉や命令に服従するという宗教的な圏域を別にすれば、政治的な問題や道徳的な問題に関して「服従」を理由に責任を免れることは本来あり得ないと論じた。

そして、行為の責任は「地位」ではなく「人間」に帰するという考えに基づき、裁判で裁かれるべき対象について、次のように説明した。

もしも被告が役人であったとしても、役人としてではなく、一人の人間として裁かれるのです。役人としての地位においてではなく、人間としての能力において裁かれるのです。(同、52頁)

もしアイヒマンが、日々手がけている職務に心底から罪悪感や心理的抵抗を覚えているなら、たとえば仮病を使うなどの方法で職場を離れることも可能だった。実際、行動部隊の親衛隊員の中には、心的外傷で任務から外された者も少なからず存在し、その「心理的な負担の軽減」が「銃殺」から「ガスによる虐殺」へと殺害手段が変化した理由だった。

だが、アイヒマンはそうした態度を取らず、職務遂行を熱心に継続した。

アイヒマンは裁判に関連する供述で「自分は何度も転属願いを出した」と弁明したが、それを裏付ける申請書などの記録は残っておらず、彼が戦争末期になってもハンガリーから絶滅収容所へのユダヤ人移送に執着し続けた事実とも相反する。

つまり、アイヒマンがハイドリヒやヒムラーの命令に服従して、その行き着く先が地獄だと承知していながら、子どもを含むユダヤ人を列車に乗せて絶滅収容所へと送り続ける職務を遂行したのは、村松が指摘した通り「彼自身の組織内における保身と出世欲」が主な動機だったと考えるのが妥当だろう。

そう考えれば、アイヒマンは「役人としての地位においてではなく、人間としての能力において裁かれる」べきというアーレントの言葉は、本質的な指摘だと言える。

現代ドイツの「ヒトラー暗殺を計画した者への評価」

第四章で触れたように、アイヒマンの南米アルゼンチン潜伏に関する情報をモサドに提供した西ドイツの検事フリッツ・バウアーは、一九五二年に、第二次大戦末期にヒトラー暗殺と反ナチ政権のクーデターを企てた首謀者たちの「名誉回復」を行なった。

この事実が示すように、第二次大戦の戦前や戦中にヒトラーの暗殺を企てた軍人や市民が、敗戦直後のドイツ国内ですぐに肯定的に評価されることはなかった。シュタウフェンベルクらの反ヒトラー派軍人によるヒトラー暗殺の計画と実行が「勇気ある行動」と称賛されるようになったのは、一九五〇年代以降のことである。

現在では、ドイツ連邦軍の兵舎や街中の通りの名に、シュタウフェンベルクやフリードリヒ・オルブリヒト、トレスコウら、ヒトラー暗殺計画に関わった軍人の名が付けられている。

シュタウフェンベルクらが決起した「ヒトラー爆殺とクーデター未遂事件（七月二〇日事件）」からちょうど七五年目に当たる二〇一九年七月二〇日、駐日ドイツ大使館はツイッターの公式アカウントで、この事件について以下のような投稿を行なった。

ドイツ外務省内には、この事件やその他の形でナチス支配に対抗し処刑された外務省職員と、これまでに殉職した職員の名前を記し、追悼した壁があります。彼らは勇気と責任感を持つ模範であり、今日まで、そしてこれからの職務の指針となるべく、その壁はあえて建物内の職員の目につく場所にあります。

同じ日、ベルリンのドイツ抵抗博物館（シュタウフェンベルクらが処刑された国内予備軍本部の建物）でも、ヒトラーとナチスに抵抗した人々の追悼式典が行なわれ、アンゲラ・メルケル首相（当時）は「抵抗者」を讃《たた》えるスピーチを行なった。

ナチ党の政権に抵抗し続けた勇気ある人たち。私たちは、彼らに敬意を表し、信念を主張する勇気を持ち、目を背けず声を上げ、人類共通の価値を守り続けねばなりません。

国家指導者への反逆と殺害の企てという、形式的には「犯罪」の道を敢えて選んだ反ヒトラー派の軍人や公務員、市民は、現在のドイツでは「人類の普遍的な価値を守ろうとした勇気ある人々」として、政府を含む国民から尊敬と称賛の対象となっている。

こうした事実は、アイヒマンの問題を考える上でもさまざまなヒントを提示していると言える。上位者の命令が「人類共通の価値」に反するものであるならば、勇気を持ってそれに抗《あがら》うことが責任ある者の務めだと、現代のドイツでは認められているのである。

《恐るべき人間心理を暴き出した「アイヒマン実験」》

スタンレー・ミルグラムの「アイヒマン実験」とは何か

アイヒマンがホロコーストで果たした役割に関連して、彼の名を冠した心理学上のある実験が、アイヒマン裁判の直後にアメリカで行なわれた。

米国イェール大学の心理学者スタンレー・ミルグラムによる、人間の服従心理に関する実験、通称「アイヒマン実験」である。

アイヒマン裁判から二年後、彼に対する死刑執行から一年後の一九六三年、アメリカの社会心理学の学会誌「ジャーナル・オブ・アブノーマル・アンド・ソーシャル・サイコロジー」第六七号に一本の論文が掲載された。

タイトルは「服従に関する行動研究」で、筆者のミルグラムはこの実験を思い立った動機について、アイヒマンの行動に象徴されるホロコーストが「命令への服従」という力学で遂行されたことへの関心だったと、のちに書き記している。

ナチスによるヨーロッパのユダヤ人虐殺は、服従の名の下に何千人もの人々が実行した、言語道断の非道徳的行動として最も極端な例かもしれない。だが程度こそちがえ、この種の出来事は絶えず繰り返されている。一般市民が他の人々を殲滅《せんめつ》させよと命じられると、命令に従うのは義務だと考えるのでそれを実行してしまう。つまり長いこと美徳として賞賛されてきた権威への服従ではあるが、それが悪しき目的に奉仕する場合には、新しい側面を持つようになる。(スタンレー・ミルグラム著、山形浩生訳『服従の心理』河出文庫、16頁)

彼が行なった実験とは、次のようなものだった。

まず、地元の新聞に「記憶実験の参加者求む　一時間で4ドル支払います」という広告を出して、一般市民の中から協力者を募《つの》る。応募してきた人には「記憶力の学習と、身体的苦痛を伴う処罰の関連性についての研究です」と説明し、応募者が「先生」役、別の応募者を装った俳優を「学習者」役に仕立て、実験室へと導く。

学習者は、狭い一室に閉じ込められ、手首には電極が繋がれる。そして応募者には「これからあなたは学習者に記憶力の問題を出し、学習者が間違ったら、学習者の身体に電流が流れるスイッチを押してください」と伝えられる。その電流の強度は、三〇段階に分かれていて、間違うたびに一段階、強度を上げていく。学習者は、電流が流れるたびに苦痛の悲鳴をあげたりするが、最も強い電流でも安全なので心配はいらないと説明する。

実験を始める前、ミルグラムが注目したのは、個々の応募者が「どの時点で実験の継続という指示に逆らうだろうか」ということだった。「道徳による明確な訴え〔もうやめてくれ！ という学習者の苦悶の叫びへの罪悪感〕の中で、人々がいつどのように権威に反抗するかを調べること」が、この実験の狙いだったと、ミルグラムは述懐する。

だが、彼が得た実験の結果は、予想とは異なる内容だった。

応募者四〇人中、過半数の六五パーセントに当たる二六人が、学習者の悲鳴や抗議にもかかわらず実験を最後まで継続し、最大電圧（と応募者に説明されたレベル）のスイッチを押したのである。

実験によって説得力を増したアーレントのアイヒマン評

その本当の目的を知らされないまま、ミルグラムの実験に参加した市民は、職業や年齢もさまざまだったが、いずれも実験室ではごく普通の良識的態度を示し、学習者の苦痛や悲鳴に接すると動揺して「もうやめるべきでは？」と訴えた。そのたびに、実験の主催者は「これは子どもに対する体罰の有効性などを研究する作業で、社会的に有意義な研究なので、続けてもらわなくてはなりません」と、穏やかに「命令」した。

その結果、自分の行ないになんらかの疑問を抱きつつも、多くの応募者は最後まで「命令」に従い、学習者を苦痛から解放することよりも「実験の大義名分」を優先し続けた。

ミルグラムは、この実験結果に驚き、それを一九七三年に一冊の書物にまとめた。その中で、彼は当初の想定から外れた展開について、こう書き記した。

でも驚かされるのは、普通の個人がとんでもない段階まで実験者の指示に従い続けるということだ。実のところ、実験の結果は驚くべきものであると同時に、がっかりさせられるものでもある。多くの被験者〈応募者〉は緊張を感じるし、実験者に抗議する人も多いが、相当部分は発生器の最高レベルまで電撃を与え続けるのだ。

多くの被験者は、電撃を受ける人物の懇願がどんなに切実になろうとも、電撃がどんなに苦痛をもたらすように見えようとも、被害者〈実は俳優〉がどれほどやめてくれと懇願しようとも、実験者に従い続ける。これはわれわれの研究で幾度となく見られたし、この実験を再現したいくつかの大学でも観察されたことだ。このような、権威の命令とあればほとんど何でもするという成人たちの強い意欲こそが、この研究の最大の発見であるとともに、きわめて緊急に説明を要する事実でもある。〈同、20頁〉

ミルグラムは、この書物の中でアーレントの『イェルサレムのアイヒマン』とそれが巻き起こした論争にも触れ、実験の結果を踏まえると、「サディスト的な化け物」ではなく「机に向かって仕事をするだけの凡庸な官僚に近い者」だという、アーレントのアイヒマン評が「想像もつかないほど真実に近いと結論せざるを得ない」と評した。

おそらくこれが、われわれの研究の最も根本的な教訓だろう。特に悪意もなく、単に自分の仕事をしているだけの一般人が、ひどく破壊的なプロセスの手先になってしまえるということだ。さらには、自分の作業の破壊的な効果がはっきり目に見えるようになっても、そして自分の道徳の根本的な基準と相容れない行動をとるよう指示されても、権威に逆らうだけの能力を持つ人はかなり少ない。権威に服従しないことに対する各種の抑止が働くために、その人物は自分の立ち位置を変えることはない。

(同、21～22頁)

ミルグラムの実験が浮かび上がらせた「葛藤を打ち消す心理」

ミルグラムは、こうした実験結果をもたらした応募者について、外部の人間が安易に非難することを戒めた。応募者はそれぞれ、加害に喜びを感じるというサディスティックな動機ではなく、むしろ「まじめさ」の発露として、内面の葛藤を抱えながら、上位者から「なすべきと命じられたこと」を行なったのだと考えられたからである。

そして彼は、個々の応募者が内面の葛藤をどんな思考によって克服したのかについて、次のように書いている。

服従的な被験者でいちばん多い調整は、自分が自分の行動に責任がないと考えることだ。あらゆる主導権を、正当な権威である実験者に委ねることで、自分は責任から逃れられる。自分自身を、道徳的に責任のある形で動いている人物としてではなく、外部の権威の代理人として動いている存在として見るようになる。実験後のインタビューで、なぜ電撃を続けたかと尋ねられた被験者の典型的な答えは「自発的にはそんなことはしなかっただろう。単に言われた通りにやっただけだ」というものだった。（同、24頁）

また、ミルグラムは実験の中で、応募者が結果として学習者を苦しめるような行動（電流による罰）をとったあと、それを正当化する理由を見つけるかのように、学習者が「ばかで頑固だったから、ああするしかなかった」などの言い訳をした事実を指摘した。相手の価値を貶めて、罰が与えられたのは「当人の知的・人格的欠陥のせいだ」と解釈することで、自分の内面に生じる罪の意識を打ち消そうとしたのである。

この自己防衛的な心理の説明は、ホロコーストの直接的・間接的実行者が総じて「ユダヤ人蔑視《べっし》」の思想を有していた事実を踏まえると、不気味なほどの説得力を持つ。

ミルグラム実験がわれわれに教えているのは、一般的に「好ましい特質」とされる「まじめさ」が持つ危険性だとも言える。客観的に状況を判断するのではなく、ただ上位者の命令に従うことが「まじめ」だという形式的理解しか持たない人間が、人道を外れた命令を受けた時、「まじめさ」ゆえに、自覚がないまま災厄の拡大に加担することになる。

一九三三年から一九四五年にかけて、何百万人もの罪もない人々が、命令に従って系統的に虐殺されたことは、信頼できる形で証明されている。ガス室が作られ、絶滅収容所に見張りが立ち、毎日ノルマ通りの死体が、器具の製造と同じ効率性をもって生産されていた。こうした非人間的な政策は、発端こそ一人の人物の頭の中かもしれないが、それが大規模に実行されるには、ものすごく大量の人間が命令に従わなくてはならない。(同、15頁)

もし、上位者から非人道的な命令を受けた下位の者が、それに服従して大勢の人を殺害する結果を引き起こしても、形式的な「命令への服従」を理由に免責されるなら、将来において再びホロコーストのような出来事が繰り返されることを止める術《すべ》はなくなる。

わずか数年で実行された、六〇〇万人ものユダヤ人を組織的に殺害するという「国策」は、ヒトラーとヒムラー、ハイドリヒの三人だけでは実現不可能だった。組織のヒエラルキーの中で彼らの命令に服従した、何万、何十万人もの「下位の者」がいたからこそ、人類史上の汚点とも言うべきユダヤ人大量虐殺は、現実の出来事となったのである。

《いかにして社会や組織が「アイヒマン的思考」と訣別すべきか》

ドイツ連邦軍で認められている「間違った命令に従わない権利」

現在のドイツで国防を担う「ドイツ連邦軍」において、「上位者の命令には絶対服従」という「アイヒマン的思考」は、どのように扱われているのか？

戦後の西ドイツが再軍備を西側戦勝国（アメリカ、イギリス、フランス）に認められたのち、ドイツ連邦軍は一九五五年一一月一二日に設立され、翌一九五六年四月一日に組織内の行動規範を定めた「軍人法」が制定された。

その第一一条一項では、ドイツ連邦軍の各軍人は「全力をもって完全に、忠実かつ遅滞なく上官の命令を実施しなければならない」と規定しているが、その忠実な遂行が「自身および第三者の人間の尊厳を侵害する命令」や「国内法および国際刑法により犯罪となる命令」、そして「（ドイツ連邦軍としての）職務上の目的のために下されたものではない命令」である場合は、上位者の命令に「従わない」態度を選んでも、不服従の罪には問われないと明記されている。

また、一九五七年三月三〇日に制定された「軍刑法」の第五条では、「軍人が命令に服従したことによって違法行為を犯した場合」や「違法行為であることを本人が理解した上でそのような命令に服従した場合」、当該の軍人は有罪になると定められている。

軍人法第一一条二項にも、「命令は、それによって犯罪が行なわれるであろう場合には、服従してはならない」との条文が記されている。

こうした「時と場合によっては上位者の命令に従わなくても罪には問われず、逆に従うことで有罪になる場合もありうる」という規定は「抗命権」とも呼ばれるが、実際に裁判でその権利が認められた事例が存在する。

二〇〇三年四月、ドイツ連邦軍のＩＴ関連部署に所属していたフロリアン・プファッフ少佐は、あるソフトウエアの開発を命じられた際、自分が違法な戦争（国連決議等に基づかない国際法違反の武力行使）と理解する米軍主体のイラク戦争への間接的支援になるとの理由で、命令への服従を拒絶した。

これに対し、ドイツ連邦軍はプファッフ少佐の命令違反を北部部隊服務裁判所で審理、同裁判所は二〇〇四年二月九日に「職務違反行為」で有罪と見なし、階級を大尉へと一段階降格する判決を下した。

しかし、プファフはこれを不服とし、二〇〇四年三月一五日に連邦行政裁判所へ上訴。ライプツィヒの連邦行政裁判所第二軍務法廷は、二〇〇五年六月二一日にプファフの主張を認めて「職務違反行為」を理由とする降格処分を取り消し、命令への服従を拒絶した彼の行為を合法的行為と認定した。

検察官はこの判決を受け入れ、プファフ少佐の行動は、ドイツ軍人法第一一条の「抗命権」が決して「絵に描いた餅」ではないことを、内外に知らしめる結果となった。

このような組織の倫理規範は、再びアイヒマンや彼と同様に第二次大戦中の非人道的行為に加担したドイツ人が出現しないように定められた「安全装置」であると言える。

現代のドイツ連邦軍では、国際法に違反する命令や非人道的な命令などの「間違った命令」には従わない権利が、原則として認められているのである。

「アイヒマン的思考」をいかにしてコントロールするか

第二次大戦の最中に、国家同士の戦争とは異なる次元でドイツが国策として遂行したユダヤ人絶滅政策（ホロコースト）は、巨大組織内における「個人の喪失」がもたらした史上空前の蛮行であったとも言える。

巨大組織に属する個々の構成員が、自分について「組織人である前に一人の人間だ」という意識を思考に持っていれば、ユダヤ人大量殺害のような命令を受けたとしても「一人の人間として、いま自分がしようとする行為は許されるだろうか」と自問するプロセスが頭の中でなされる。これが、「個人としての意識」である。

だが、その意識を持っていなければ、「自分はただの一個の組織人にすぎない」「組織人である以上、組織内の上位者から下された指示や命令には従うしかない」「選択の余地はない」「だから私には何の責任もないのだ」という責任回避の思考に埋没して、蛮行への加担をどこまでも続けることになってしまう。そこには「個人」の姿はない。

アイヒマンは、この二種類の論理を、裁判の中で狡猾《こうかつ》に使い分けた。

全体としては「自分は組織の上位者の命令に従っただけだ」と言いつつ、組織全体の中で自分が立っている場所の周囲を遮断して切り離し、その内側で自分がやったことだけを述べる。これが、アイヒマンが裁判で行なった自己弁護だった。

その中では、組織全体がどれほど非人道的な動機と手段で動いていたとしても、自分を取り巻く半径数メートルの範囲で自分が直接「ユダヤ人を殺すこと」に手を下していなければ、「自分は誰一人殺していない」と強弁できるという論法が成立しうる。

ブルーノ・ベッテルハイムというアメリカの心理学者は、アイヒマンについて「ボタンを押せと命じられればボタンを押し、そのボタンを正確に押すことだけに腐心してしまい、そのボタンを押せば誰がどこで生命を失うかといったことは考えもしない」と評した(グイド・クノップ著、高木玲訳『ヒトラーの共犯者(下)』原書房、28頁)。

だが、この論評は一面において正しいとしても、本書の第二章と第三章で詳しく足跡を見てきたように、ホロコーストに関するアイヒマンの行動は、決して「凡庸な一官吏」のそれではなく、ある特殊な才能を最大限に発揮することでグロテスクな成果をもたらしたという重要な「別の一面」を見落とすわけにはいかない。

組織内での上位者の命令に対する服従や、それを言い訳とする責任回避など、アイヒマンの思考形態は、ある程度の一般化は可能である。だが、現実に彼が歴史の中で成し遂げた「結果」の罪深さを考えるなら、彼の思考を「凡庸」と一般化して評するのは危険であり、あのような状況に置かれれば誰でも同じことをしたとは言えないのである。

人道面も含め、自分の行ないに関する価値判断を、自分自身で下すのか、それともその評価を所属組織の上位者に全面的に委ねるのか。

所属する組織が非人道的な方向へ動き出した時、価値判断の基準を内面に持つ個人は、このようなことはおかしい、あるいは許されないと考えて、それを止める、または減速させる方策を探し、必要であれば個人として「異議申し立て」や「抗議」の声を上げることを厭《いと》わない姿勢を持ち続けなくてはならない。

己の「卑怯さ」を表面的な「まじめさ」でカモフラージュする「アイヒマン的思考」に自分を乗っ取られることを防ぐ方法は、そこにしか見当たらないからである。

なぜ日本人はアイヒマンという人間に強い関心を持つのか

犬養道子と村松剛、ハンナ・アーレントのアイヒマン裁判傍聴記や、ミルグラムの「アイヒマン実験」に関する報告を読むと、現代の日本において、アイヒマンの名前が広く知られている大きな理由の一つが浮かび上がるように思われる。

アイヒマンが実際に行なった行為のグロテスクさとは別に、彼が一人の「管理職」として上位者から与えられた職務を「まじめに」「忠実に」こなした姿について、なんとなく身近にいそうだと思える部分、あるいは「組織内の力学に従順な態度」に自分も共感できるという部分を、多くの日本人が持っているから、彼に興味を惹かれるのではないか。

自分はただ「上位者の命令」に従っただけなので、行動の責任は自分にはない。

こうした言い訳は、官僚機構でも民間の企業においても、しばしば見られる。

自分を組織の中にあるパーツの一つと見なして、ひたすら上位者の命令や指示に従い、与えられた「課題」を忠実に遂行して「成果」を出すことで高い評価を得ようとする。

そんな人間は、日本でもごく普通の存在であると言え、学校の教育も、そのような従順な人間を社会に送り出す役割を実質的に果たしてきた。

犬養が指摘したような、「上司によってきめられたとあらば、諾々としてこれにしたがう役人根性」は、現代の日本社会においても決して珍しい特質ではない。時代が二〇世紀から二一世紀に変わっても、日本社会のさまざまな組織、とりわけ公的機関において、上位者の命令や指示に疑問を呈さず、唯々諾々と従う人間はざらにいる。

それを踏まえると、日本人にとってのアイヒマンとは、すでに死刑執行でこの世から姿を消した「過去の人物」ではなく、今なおリアルで身近な存在なのかもしれない。

そして、より深刻なのは、こうした「アイヒマン問題」に対する明確な「答え」が現在もなお見つかっておらず、従って「アイヒマン的な人間にどう対処すべきなのか」や「自分がアイヒマン的な人間になってしまうことをどう防いだらよいのか」という重要な問いについても、有効な「処方箋」が共有されていないという恐ろしい現実である。

アーレントは「内なるアイヒマン」という一般化の表現には否定的だったが、犬養道子はアイヒマンの免罪や矮小化とは異なる意味において、自分たちの「内なるアイヒマン」から目を逸らさずに向き合う必要があると問題提起した。

多くの日本人がアイヒマンという「不愉快な存在」にいつまでも関心を持たざるを得ないのは、こうした未解決の問いと真摯に対峙する必要性を感じているからだろう。

その意味において、アドルフ・アイヒマンはある種の「妖怪」的な存在として、日本社会のあちこちに、今なお棲息《せいそく》しているとも言えるのである。

おわりに

アドルフ・アイヒマンという人物は、今の日本では、批判や非難の対象なのだろうか。むしろ、彼に共感や同情を示す日本人が、意外と多いのではないか。そんな風に思うことが、時々ある。

たとえば、公文書改ざんという悪質な犯罪行為に加担したにもかかわらず、法的に処罰されなかった国家公務員をSNSで批判した時、こんな返信（リプライ）が寄せられた。

「彼も組織に雇われている身ですから」
「組織の中では上の命令には逆らえませんから」

時の権力者に阿諛追従《あゆついしょう》し、首相の記者会見で質問を事前に内閣側へ提出して「やらせの質疑応答」に加担する政治報道記者を批判した時も同様で、自分を含めた国民への背任行為であるにもかかわらず、なぜか記者に共感や同情を寄せる人がいる。「組織の中で上の命令に逆らったら、クビになりますから、仕方ないですね」

これほど極端ではなくても、自分の属する会社や組織の中で「アイヒマン的な人間」を見かけた時、「ああいう人物はどこにでもいるもので、別に特別な存在ではない」と物分かりよく共感し、容認してしまう人は、決して少なくないだろう。

なぜなら、日本では学校教育の基本的なシステムが、上位者である教師や部活顧問らの命令に生徒が疑問を抱かず、忠実に従うことを前提としているからである。

学校でも会社でも、その理由が何であれ、上位者の命令に疑問を差し挟むような態度は「反抗的」と見なされて、有形無形の不利益を被る可能性が高い。

従順さを重視する教育システムに迷いなく適応し、教師や部活顧問から高い評価を得た者が、より好条件の「次のステップ」へと進める。良い高校、良い大学に進学し、良い官公庁や良い企業に就職して、良い給与をもらって良い生活ができる。

学校教育の方針がそうなったのは、社会全体がそれを望んだからでもある。学校は社会から切り離された存在ではなく、卒業生が向かう先の企業や官公庁から「上の命令に従順で、疑問を抱かず忠実に遂行する『まじめさ』を持つ人間」が求められれば、そのニーズに合致した「人材」を輩出する機関として機能する。

そんな価値観や世界観の中で生きることが「普通」だと思う人が、果たしてアイヒマンの行動原理や処世術に疑問を感じるだろうか。彼の態度を「おかしい」と思うだろうか。

アイヒマンの行動原理が「実直な命令遂行」で、その動機が「保身と出世欲」であるならば、現代の日本社会において、アイヒマンを「自分とは遠い存在」ではなく「親近感すら覚える身近な存在」と感じる人が大勢いても不思議ではない。


もちろん、組織の中で「上位者の命令」には従うが、大勢の人が無惨に命を奪われる虐殺などの「異常な命令」に従うかどうかは別の話だ、と主張する人も多いだろう。

独立した思考を持つ「個人」として、自分の内面に「越えてはならない倫理上の一線」を持つ人なら、人の命や尊厳をないがしろにする「異常な命令」に直面した時、「そのような命令に私は従えません」と拒絶できるかもしれない。

だが、権威付けされた「大義名分」とセットで下される「命令」に、日本人は総じて弱い。なぜなら、それを拒絶すれば、前提となる「大義名分」の正当性や、それが持つ権威を振りかざす所属組織の上層部にも挑戦する形となってしまうからである。

自分の将来を考えれば、強い力を持つ上位者とは衝突を避け、命令に従って良い関係を維持する方がプラスになる。責任は「命令を出した上位者」にあるのだから、ただ従うだけの自分には責任がないはずだ。今の日本社会では、ごく普通の思考形態である。

あなたは、心の中に「越えてはならない倫理上の一線」を持ち、それを踏み越えることを上位者に命じられた時、はっきり「できません」と言えるだろうか。

自分の子どもの将来を思って、現実社会とうまく折り合うための「処世術」を教えているつもりで、じつは「小賢《こざか》しくて無責任な小アイヒマン」を育ててはいないだろうか。

第五章で論考したように、アイヒマンという元ナチス親衛隊幹部の行動が可視化した、人間の思考と行動の「闇」は、彼個人の属性だけに起因するものではなく、さまざまな形態での普遍性を有している。それゆえ、現代の日本を含む多くの社会において、いまだ未解決の懸案事項として高い関心を持たれている。

そんな問題意識を持つ多くの読者が、「アイヒマン的思考」という深い森から外に出る道を見つけるために、本書を地図や道しるべのように活用してくだされば幸いである。

最後に、祥伝社新書編集部の木村圭輔氏と、本書の編集・製作・販売業務に携わって下さったすべての人に対して、心からの感謝の気持ちと共に、お礼を申し上げます。

そして、本書を執筆するに当たって参考にさせていただいた全ての書物の著者・訳者・編者の方々にも、敬意と共にお礼を申し上げます。

二〇二三年七月

山崎雅弘

年表　アイヒマンの生涯

年代	出来事
一九〇六年	三月一九日、オットー・アドルフ・アイヒマン誕生。
一九二一年	フランツ・ヨーゼフ皇帝国立上級実科学校を中退。
一九二八年	大手石油会社で外交販売員に就く。
一九三二年	オーストリア・ナチ党の政治集会に参加。 四月、党員登録後、親衛隊に入隊。
一九三三年	**一月、ヒトラーが首相に就任。** 石油会社を解雇される。 八月、バイエルン東部のパッサウの親衛隊訓練所に入所。 一二月、ダッハウの強制収容所の付属地へ異動。

一九三四年
九月、親衛隊保安局(SD)に配属。第Ⅱ部111課でフリーメーソンを担当。
一一月、第Ⅱ部112課(ユダヤ人担当課)に転属。

一九三五年
三月二一日、チェコスロバキア人のヴェロニカ・リーブル(愛称ヴェラ)と結婚。
九月一五日、「ニュルンベルク法」制定

一九三七年
ハガナーの高官フェイベル・ポールとカイロで再会。

一九三八年
三月、ドイツによるオーストリア合邦。
ウィーンの親衛隊保安局支部への異動を命じられる。
九月三〇日、ミュンヘン協定
一〇月、ドイツ本国の親衛隊保安局本部に自身の「実績」を報告。ハイドリヒから評価され、「スペシャリスト」と呼ばれる。
一一月九日、水晶の夜(クリスタルナハト)事件。

一九三九年
九月一日、ドイツ軍がポーランドに侵攻。第二次世界大戦勃発。
一〇月八日、ポーランド領内に最初のゲットーが完成。

年代	出来事
	一二月一九日、国家保安本部第Ⅳ局D部第4課の課長に就任。この頃、「鉄道によるユダヤ人の大量移送」に着手し始める。
一九四〇年	八月、ユダヤ人約四〇〇万人をマダカスカルへ移住させる『国家保安本部マダガスカル計画』を提出。
一九四一年	**六月二二日、ドイツ軍がソ連への侵攻を開始。** 九月一九日、行動部隊Cが二日間で三万四〇〇〇人のユダヤ人を殺害。 一一月九日、親衛隊中佐に昇進。 一二月九日、最初の絶滅収容所がヘウムノで稼働を開始。
一九四二年	一月二〇日、「ヨーロッパにおけるユダヤ人問題の全体的解決」について協議する政府合同会議(「ヴァンゼー会議」)に事務方として参加。 二月、二番目の絶滅収容所がベウジェツに完成。 五月、ソビブルに三番目の絶滅収容所が完成。 ユダヤ人大量殺害の指揮官だったハイドリヒが襲撃される。後に死亡。

七月、四番目の絶滅収容所トレブリンカで大量殺害が始まる。

一〇月、マイダネクの強制収容所が絶滅収容所として稼働。

一九四三年
三〜六月、アウシュヴィッツに増設された死体焼却炉が順次稼働を開始。

一九四四年
三月一九日、ハンガリーの首都ブダペストに入り、国内約八二万人のユダヤ人の絶滅収容所移送を開始。

六月六日、ノルマンディー上陸作戦。

九月二八日、アイヒマンの「行動部隊」が解散。

一〇月一八日、再びブダペストに入り、「やり残した仕事」に着手。

一一月二日、アウシュヴィッツでのガス殺が停止。

一一月、アイヒマンの命令による「死の行進」で数万人のユダヤ人が犠牲になる。

一二月二四日、ブダペストを脱出。

一九四五年
一月、ベルリンに戻る。
四月六日、テレージエンシュタットのゲットーにて、国際赤十字職員を案内。
五月、オーストリアのアルタウッセで敗戦を迎える。以後、アメリカ軍に捕まるも脱走を繰り返す。

年代	出来事
一九四六年	三月二〇日、オットー・ヘニンガーという偽名を使いコーレンバッハで住民登録を行なう。
一九四八年	六月、リカルド・クレメントというイタリア人の偽名で身分登録証の発行を受ける。アルテンザルツコートで養鶏業を営む。
一九五〇年	六月一七日、イタリアのジェノヴァより客船に乗り、アルゼンチンへ向かう。 七月一四日、ブエノスアイレスに上陸。
一九五二年	八月一五日、アルゼンチンで妻子と再会。
一九五五年	一一月、第四子が誕生。
一九五七年	一一月七日、フリッツ・バウアー検事長よりアイヒマンの目撃情報が在ドイツのイスラエル代表部職員に伝えられる。

一九六〇年

二月、ブエノスアイレス北部のビレジェス地域ガリバルディ通りに引っ越し。
五月一一日　モサド職員によって「アイヒマン捕獲作戦」が決行される。
五月二三日、アイヒマンを乗せた飛行機がイスラエルに到着。

一九六一年

四月一一日、アイヒマン裁判開始。
一二月一五日、死刑を宣告される。

一九六二年

五月、上告が棄却され、死刑が確定。
六月一日、アイヒマンの絞首刑が執行される。

一九六三年

アメリカの心理学者スタンリー・ミルグラムが、「ジャーナル・オブ・アブノーマル・アンド・ソーシャル・サイコロジー」に「アイヒマン実験」を発表。
哲学者ハンナ・アーレントが『*Eichmann in Jerusalem: A Report on the Banality of Evil*（邦題：イェルサレムのアイヒマン　悪の陳腐さについての報告）』を刊行。

主要参考文献

●書籍

大石祐二『戦いの時 和平の時　中東紛争起源史』（ＰＭＣ出版）

栗原優『ナチズムとユダヤ人絶滅政策　ホロコーストの起源と実態』（ミネルヴァ書房）

芝健介『ホロコースト　ナチスによるユダヤ人大量殺戮の全貌』（中公新書）

鳥井順『中東軍事紛争史Ⅰ［古代～１９４５］』（第三書館）

鳥井順『中東軍事紛争史Ⅱ［１９４５～１９５６］』（第三書館）

永岑三千輝『ホロコーストの力学　独ソ戦・世界大戦・総力戦の弁証法』（青木書店）

長谷川公昭『ナチ強制収容所　その誕生から解放まで』（草思社）

村松剛『新版　ナチズムとユダヤ人　アイヒマンの人間像』（角川新書）

望田幸男『ナチス追及　ドイツの戦後』（講談社現代新書）

イッサー・ハレル著、中田耕治訳『獣は鎖に繋げ！　６００万人殺戮の元凶アイヒマン生け捕り作戦』（読売新聞社）

ヴァンゼー会議記念館編著、山根徹也・清水雅大訳『資料を見て考えるホロコーストの歴史　ヴァンゼー会議とナチス・ドイツのユダヤ人絶滅政策』（春風社）

ヴォルフガング・ベンツ著、中村浩平・中村仁訳『ホロコーストを学びたい人のために』（柏書房）

ウォルター・ラカー編、井上茂子・木畑和子・芝健介・長田浩彰・永岑三千輝・原田一美・望田幸男訳『ホロコースト大

事典』（柏書房）
グイド・クノップ著、高木玲訳『ヒトラーの共犯者　12人の側近たち（下）』（原書房）
グイド・クノップ著、高木玲・藤島淳一訳『ホロコースト全証言　ナチ虐殺戦の全体像』（原書房）
Q・レイノルズ著、伊達暁訳『捕えた　虐殺者アイヒマンの人生と墓場』（新潮社）
ゲッツ・アリー著、山本尤・三島憲一訳『最終解決　民族移動とヨーロッパのユダヤ人殺害』（法政大学出版局）
ゲリー・S・グレーバー著、滝川義人訳『ナチス親衛隊』（東洋書林）
ジーモン・ヴィーゼンタール著、中島博訳『殺人者はそこにいる』（朝日新聞社）
スタンレー・ミルグラム著、山形浩生訳『服従の心理』（河出文庫）
ダン・ストーン著、武井彩佳訳『ホロコースト・スタディーズ　最新研究への手引き』（白水社）
T・フリードマン著、竜口直太郎訳『追跡者』（朝日新聞社）
ハインツ・ヘーネ著、森亮一訳『髑髏の結社　SSの歴史（上・下）』（講談社学術文庫）
ハンナ・アーレント著、J・コーン／R・H・フェルドマン編、齋籐純一・山田正行・金慧・矢野久美子・大島かおり訳『アイヒマン論争』（みすず書房）
ハンナ・アーレント著、大久保和郎訳『イェルサレムのアイヒマン　悪の陳腐さについての報告』（みすず書房）
ハンナ・アレント著、ジェローム・コーン編、中山元訳『責任と判断』（ちくま学芸文庫）
ピエール・ジョッフロワ、カリン・ケーニヒゼーダー編、大久保和郎訳『アイヒマンの告白　裁きの日の前に』（番町書房）
ベッティーナ・シュタングネト著、香月恵里訳『エルサレム〈以前〉のアイヒマン』（みすず書房）
M・ニコルソン、D・ウィナー著、日暮雅通訳『伝記　世界を変えた人々6　ワレンバーグ』（偕成社）
マイケル・R・マラス著、長田浩彰訳『ホロコースト　歴史的考察』（時事通信社）

マルセル・リュビー著、菅野賢治訳『ナチ強制・絶滅収容所　18施設内の生と死』（筑摩書房）
ヨッヘン・フォン・ラング編、小俣和一郎訳『アイヒマン調書　イスラエル警察尋問録音記録』（岩波書店）
マイケル・バー＝ゾウハー著、広瀬順弘訳『復讐者たち』（ハヤカワ・ノンフィクション文庫）
マイケル・ベーレンバウム著、芝健介日本語版監修『ホロコースト全史』（創元社）
ラウル・ヒルバーグ著、望田幸男・原田一美・井上茂子訳『ヨーロッパ・ユダヤ人の絶滅（上・下）』（柏書房）
ルーシー・S・ダビドビッチ著、大谷堅志郎訳『ユダヤ人はなぜ殺されたか（第1部・第2部）』（サイマル出版会）
ロニー・ブローマン、エイアル・シヴァン著、高橋哲哉・堀潤之訳『不服従を讃えて「スペシャリスト」アイヒマンと現代』（産業図書）
ローネン・シュタインケ著、本田稔訳『フリッツ・バウアー　アイヒマンを追いつめた検事長』（アルファベータブックス）
ロベルト・ゲルヴァルト著、宮下嶺夫訳『ヒトラーの絞首人ハイドリヒ』（白水社）
David Cesarani. *Eichmann: His Life and Crimes*, William Heinemann
Mary Jo McConahay. *The Tango War: The Struggle for the Hearts, Minds and Riches of Latin America During World War II*, St. Martin's Press
Thomas M. Leonard and John F. Bratzel (ed.). *Latin America during World War II*, Rawman & Littlefield Publishers

●雑誌・学術誌

「週刊朝日」一九六一年四月二八日号、同年六月三〇日号（朝日新聞社）
香月恵里「アイヒマンの悪における『陳腐さ』について」『ドイツ文学論集』第四九号（日本独文学会中国四国支部）
柴嵜雅子「アードルフ・アイヒマンの罪」『国際研究論叢』一九巻一号（大阪国際大学）

切りとり線

★読者のみなさまにお願い

この本をお読みになって、どんな感想をお持ちでしょうか。祥伝社のホームページから書評をお送りいただけたら、ありがたく存じます。今後の企画の参考にさせていただきます。また、次ページの原稿用紙を切り取り、左記まで郵送していただいても結構です。

お寄せいただいた書評は、ご了解のうえ新聞・雑誌などを通じて紹介させていただくこともあります。採用の場合は、特製図書カードを差しあげます。

なお、ご記入いただいたお名前、ご住所、ご連絡先等は、書評紹介の事前了解、謝礼のお届け以外の目的で利用することはありません。また、それらの情報を6カ月を越えて保管することもありません。

〒101-8701（お手紙は郵便番号だけで届きます）
祥伝社　新書編集部
電話03（3265）2310
祥伝社ブックレビュー　www.shodensha.co.jp/bookreview

★本書の購買動機（媒体名、あるいは○をつけてください）

＿＿＿＿新聞の広告を見て	＿＿＿＿誌の広告を見て	＿＿＿＿の書評を見て	＿＿＿＿の Web を見て	書店で見かけて	知人のすすめで

★100字書評……アイヒマンと日本人

名前

住所

年齢

職業

山崎雅弘　やまざき・まさひろ

1967年大阪府生まれ。戦史・紛争史研究家。主な著書に『この国の同調圧力』(SB新書)、『ある裁判の戦記』(かもがわ出版)、『第二次世界大戦秘史』『太平洋戦争秘史』(ともに朝日新書)、『[増補版]戦前回帰』(朝日文庫)、『「天皇機関説」事件』『歴史戦と思想戦』『未完の敗戦』(以上、集英社新書)ほか多数。政治問題の論考も新聞・雑誌に寄稿。
Twitter アカウントは、@mas__yamazaki

アイヒマンと日本人《にほんじん》

山崎雅弘《やまざきまさひろ》

2023年8月10日　初版第1刷発行

発行者……………辻 浩明
発行所……………祥伝社《しょうでんしゃ》
〒101-8701　東京都千代田区神田神保町3-3
電話　03(3265)2081(販売部)
電話　03(3265)2310(編集部)
電話　03(3265)3622(業務部)
ホームページ　www.shodensha.co.jp

装丁者……………盛川和洋
印刷所……………萩原印刷
製本所……………ナショナル製本

Printed in Japan　ISBN978-4-396-11684-2　C0222

〈祥伝社新書〉
古代史

624
謎の九州王権
ヤマト王権以前に存在した巨大勢力、その栄枯盛衰を追う
日本史学者
若井敏明

456
古代倭王の正体
海を越えてきた覇者たちの興亡
邪馬台国の実態、そして倭国の実像と興亡を明らかにする
古代史研究家
小林惠子

423
天皇はいつから天皇になったか？
天皇につけられた鳥の名前、天皇家の太陽神信仰など、古代天皇の本質に迫る
元・龍谷大学教授
平林章仁

326
謎の古代豪族 葛城《かつらぎ》氏
天皇家と並んだ大豪族は、なぜ歴史の闇に消えたのか
平林章仁

513
蘇我氏と馬飼《うまかい》集団の謎
「馬」で解き明かす、巨大豪族の正体。その知られざる一面に光をあてる
平林章仁

〈祥伝社新書〉
古代史

510
渡来氏族の謎
秦《はた》氏、東漢《やまとのあや》氏、西文《かわちのふみ》氏、難波吉士《なにわのきし》氏など、厚いヴェールに覆われた実像を追う
歴史学者 **加藤謙吉**

370
神社が語る古代12氏族の正体
神社がわかれば、古代史の謎が解ける!
歴史作家 **関 裕二**

469
天皇諡《し》号《ごう》が語る古代史の真相
天皇の死後に贈られた名・諡号から、神武天皇から聖武天皇に至る通史を復元
関 裕二 監修

316
古代道路の謎 奈良時代の巨大国家プロジェクト
巨大な道路はなぜ造られ、廃絶したのか。文化庁文化財調査官が解き明かす
文化庁文化財調査官 **近江俊秀**

535
古代史から読み解く「日本」のかたち
天孫降臨神話の謎、邪馬台国はどこにあったのか、持統天皇行幸の謎ほか
国際日本文化研究センター教授 **倉本一宏**
マンガ家 **里中満智子**

〈祥伝社新書〉
中世・近世史

278
源氏と平家の誕生
なぜ、源平の二氏が現われ、天皇と貴族の世を覆したのか？
歴史作家 関 裕二

501
天下人の父・織田信秀
信長は何を学び、受け継いだのか
信長は天才ではない、多くは父の模倣だった。謎の戦国武将にはじめて迫る
戦国史研究家 谷口克広

442
織田信長の外交
外交にこそ、信長の特徴がある！ 信長が恐れた二人の人物とは？
谷口克広

546
明智光秀 残虐と謀略
一級史料で読み解く
比叡山焼き討ちを率先、押領・ワイロの常習者……その実像に迫る
歴史作家 橋場日月

610
女たちの本能寺
「謎多き七人の実像、それぞれに新鮮な驚きがある」宮部みゆき氏推薦
歴史作家 楠戸義昭

〈祥伝社新書〉
中世・近世史

527
壬申の乱と関ヶ原の戦い
なぜ同じ場所で戦われたのか
「久しぶりに面白い歴史書を読んだ」磯田道史氏激賞
東京大学史料編纂所教授 本郷和人

565
乱と変の日本史
観応の擾乱、応仁の乱、本能寺の変……この国における「勝者の条件」を探る
本郷和人

558
徳川家康の江戸プロジェクト
『家康、江戸を建てる』の直木賞作家が、四二〇年前の都市計画を解き明かす
小説家 門井慶喜

595
日本史を変えた八人の将軍
将軍が日本史におよぼした影響から、この国を支配する条件を読み解く
本郷和人
門井慶喜

658
「お金」で読む日本史
源頼朝の年収、武田信玄の軍資金……現在のお金に換算すると？
本郷和人／監修
BSフジ「この歴史、おいくら？」制作班／編

〈祥伝社新書〉
歴史に学ぶ

545
日本史のミカタ
「こんな見方があったのか。まったく違う日本史に興奮した」林修氏推薦
国際日本文化研究センター所長 井上章一
東京大学史料編纂所教授 本郷和人

588
世界史のミカタ
「国家の枠を超えて世界を見る力が身につく」佐藤優氏推奨
井上章一
小説家 佐藤賢一

630
歴史のミカタ
歴史はどのような時に動くのか、歴史は繰り返されるか……など本格対談
井上章一
国際日本文化研究センター教授 磯田道史

379
国家の盛衰
3000年の歴史に学ぶ
覇権国家の興隆と衰退から、国家が生き残るための教訓を導き出す
上智大学名誉教授 渡部昇一
東京大学名誉教授 本村凌二

578
世界から戦争がなくならない本当の理由
なぜ「過ち」を繰り返すのか。池上流「戦争論」の決定版！
ジャーナリスト 名城大学教授 池上　彰